Philo-philosophes
Collection dirigée par Jean-Pierre Zarader

Ernst Cassirer

Pierre Quillet
Agrégé de Philosophie

Dans la même collection

Hannah Arendt par Anne Amiel
Aristote par Pierre Rodrigo
Austin par René Daval
Walter Benjamin par Gérard Raulet
Berkeley par Roselyne Dégremont
Jean Bodin par Simone Goyard-Fabre
Ernst Cassirer par Pierre Quillet
Descartes par Thierry Gontier
Diderot par Éliane Martin-Haag
Fichte par Bernard Bourgeois
Hegel par Bernard Bourgeois
Hobbes par Jean Terrel
Hume par Philippe Saltel
Kant par Joël Wilfert
Machiavel par Jean-Yves Goffi
Malebranche par Denise Leduc-Fayette
Marx par Gérard Raulet
Merleau-Ponty par Renaud Barbaras
Montesquieu par Simone Goyard-Fabre
Nietzsche par Pierre Héber-Suffrin
Pascal par Pierre Magnard
Platon par Jean-François Pradeau
Rousseau par Éric Blondel
Schopenhauer par Jean-Paul Ferrand
Éric Weil par Patrice Canivez
Simone Weil par Emmanuel Gabellieri

ISBN 2-7298-0517-6

© Ellipses Édition Marketing S.A., 2001
32, rue Bargue 75740 Paris cedex 15

Le Code de la propriété intellectuelle n'autorisant, aux termes de l'article L.122-5.2° et 3°a), d'une part, que les « copies ou reproductions strictement réservées à l'usage privé du copiste et non destinées à une utilisation collective », et d'autre part, que les analyses et les courtes citations dans un but d'exemple et d'illustration, « toute représentation ou reproduction intégrale ou partielle faite sans le consentement de l'auteur ou de ses ayants droit ou ayants cause est illicite » (Art. L.122-4).
Cette représentation ou reproduction, par quelque procédé que ce soit constituerait une contrefaçon sanctionnée par les articles L. 335-2 et suivants du Code de la propriété intellectuelle.

www.editions-ellipses.com

Sommaire

Idéalisme transcendantal   5
Problématique et systématique   9
Les formes symboliques   13
Linguistique   17
Religion   21

Textes commentés   25
I – L'anamnèse platonicienne   26
II – De la théologie négative
à la théorie de la connaissance   29
III – Colloque de Davos   32
IV – La philosophie critique du langage de Humboldt   36
V – La théorie de la relativité d'Einstein   40
VI – L'État de Hegel   43
VII – Descartes a-t-il converti Christine de Suède
au catholicisme ?   47
VIII – Gœthe et la philosophie kantienne   51
IX – Une invention moderne : la technique du mythe   55

Vocabulaire   61
A priori ■ Mythe ■ Néokantisme ■ Phénoménologie ■ Réalisme ■ Relativité ■ Symbole ■ Théorie de la connaissance

Indications bibliographiques   69

Idéalisme transcendantal

« Je nomme transcendantale, dit Kant, toute connaissance qui, d'une manière générale, s'occupe moins des objets que de notre connaissance des objets pour autant que celle-ci doit être possible *a priori*. »

(*Critique de la raison pure*, Introduction)

Cassirer ne changera pas un mot à cette définition du XVIIIe siècle qui englobe son « idéalisme transcendantal » comme celui de toute l'école néo-kantienne. Pour lui non plus, la philosophie transcendantale n'est pas une condition première de la science, de la morale, du droit, de l'art. Non. Au contraire, elle vient après ces activités de la pensée pour en établir les conditions de validité. Il faut du reste reconnaître que Cassirer a privilégié de beaucoup le savoir par rapport à l'éthique ou à l'esthétique : son premier grand ouvrage s'intitule *Le problème de la connaissance dans la philosophie et la science des temps modernes* et il ne laisse guère de place à l'éthique ni à l'esthétique. Mais cet intérêt personnel pour la science ne découle pas entièrement de son appartenance au courant philosophique kantien ; il tient aussi à l'état des travaux de l'École. Son maître Hermann Cohen avait bel et bien ouvert une plus large perspective en reprenant à nouveaux frais les trois grandes critiques kantiennes dans son *Système de la philosophie* : *Logique du pur savoir* ; *Éthique du pur vouloir* ; *Esthétique du sentiment pur*. Et Cassirer pouvait alors parfaitement considérer que cette ample tâche systématique était désormais accomplie et que le champ de la recherche devait être partagé entre les héritiers du Maître de Kœnigsberg.

Remarquable — et problématique — est cette exigence de *pureté* qui s'affirme jusque dans les titres de H. Cohen. Remarquons toutefois que l'impureté redoutée peut se glisser dans la pensée pour des raisons inverses de part et d'autre de la rigueur transcendantale : d'un au-delà des pouvoirs de la raison que Kant récuse comme « illusion transcendantale » — par là sont exclus les grands systèmes de l'idéalisme allemand (Fichte, Schelling, Hegel, Schopenhauer...) — ou d'un en-deçà de l'exigence philosophique où s'embourbent les explications

psychologiques, biologiques ou historiques des prophètes de la
« modernité » philosophique, Marx, Nietzsche ou Freud, dont les
noms n'apparaissent pour ainsi dire pas dans l'œuvre de Cassirer tant
leur œuvre se situe en dessous de l'exigence de rigueur transcendantale. Cette même exigence, du reste, ne manquera pas d'apparaître
comme obstacle lorsqu'il s'agira d'aborder le monde de la culture dans
la *Philosophie des formes symboliques*. Kant lui-même s'était heurté à
ce problème lorsqu'il dut recourir à l'imagination transcendantale pour
élaborer sa doctrine du *schématisme*. Schème et symbole sont en effet
deux concepts de même source.

« Pur » doit s'entendre au sens où l'on parle de « droit pur » ou
d'« arithmétique pure », ou d'agir « par pur respect de la loi »...
L'idéalisme devrait donc s'accorder sans peine avec la pureté, mais
attention au danger tout proche : l'idée platonicienne, purement intelligible, modèle transcendant de la chose sensible, tombe précisément
sous le coup de la Critique de la raison *pure*, comme objet illusoire de
la métaphysique. Les formes pures dégagées par l'Analytique kantienne ne se situent pas au-delà mais en deçà de l'apparence sensible ;
elles sont les formes (nécessaires *a priori*) de l'activité spontanée de
l'esprit.

Comment Cassirer va-t-il se situer vis-à-vis de la philosophie idéaliste et d'abord du platonisme ? Dans l'*Histoire de la Philosophie* de
Max Dessoir[1] dont il a écrit la première partie (jusqu'à Platon), il
expose la doctrine de la *réminiscence* (de l'*anamnèse*), illustrée par
l'histoire du jeune esclave de Ménon qui, sans jamais avoir fait
d'études de géométrie, découvre par lui-même comment tracer un
carré de surface double d'un carré donné. Il a perçu cette vérité dans
une vie antérieure, dit le mythe socratique, et il la retrouve, d'abord
confusément, puis clairement, par cet exceptionnel effort de
« mémoire ». Pour Cassirer, non plus que chez Platon, du reste, le
mythe ne fait pas obstacle à la découverte de la vérité dans sa rigueur :

> « La réminiscence s'éclaire dès que nous élucidons la relation systématique du concept d'âme au concept d'idée chez Platon pour désigner cette forme caractéristique d'objectivité que possède l'objet pur
> du savoir vis-à-vis de l'acte de savoir [...]. Le monde des idées, si
> l'âme doit se retrouver en lui, ne doit être rien d'extérieur et d'étranger :

---

1. Max Dessoir, *Die Geschichte der Philosophie*, Berlin, 1925, éd. Ullstein.

comment pourrait-il alors concevoir et reconnaître quelque chose comme son propre principe, le principe de vie et de conscience de soi ? »

Ainsi Platon se trouve-t-il, *volens nolens*, rallié à l'idéalisme transcendantal. Cassirer aura largement recours à cette méthode dans ses nombreux travaux d'histoire de la pensée philosophique ou même théologique, à propos par exemple de la *Coïncidence des opposés* de Nicolas de Cues[1] appliquant à de vieux thèmes de toutes nouvelles méthodes.

À y mieux penser, toutefois, la pureté n'est pas l'exigence la plus radicale. Certes, la pureté de l'intention éthique est de ne laisser aucune place à l'intérêt ; la pureté du sentiment esthétique est de ne laisser aucune place au plaisir et le pur savoir est celui qui n'est mêlé d'aucune donnée empirique ou sensible. Mais justement l'impur tient à la passivité, à la réceptivité de l'esprit ; la pensée pure est active. Les formes pures sont formes d'activité. L'idée platonicienne n'est évidemment souillée d'aucune impureté dans la pensée de l'idéalisme ancien mais si elle doit être perçue par l'esprit comme l'œil voit la lumière (ou l'objet de réminiscence), elle est rejetée par le kantisme dans l'illusoire ; toute intuition, sensible ou non, est passive, donc « impure ». Il n'existe pour aucun penseur kantien d'intuition intellectuelle ; c'est la différence fondamentale qui sépare Cassirer de Husserl, malgré de nombreuses références communes à Platon, à Descartes et à Kant.

On a souvent noté cette analogie fondamentale entre la philosophie transcendantale et le réalisme médiéval contre lequel elle s'est élevée (contre le thomisme principalement et, pour la période contemporaine de Cassirer, le néo-thomisme) : la forme est active, la matière passive, la forme informe activement la matière. Mais la différence, certes, n'est pas moins considérable : l'Acte pur, source de toutes les formes, est divin chez les thomistes médiévaux ou modernes ; l'activité pensante qui donne forme et donc sens au monde comme représentation est rigoureusement humaine. Elle est même parfaitement individuelle : il ne s'agit pas de l'Esprit, de la Science, de l'Art, etc. mais du penseur, du savant, de l'artiste individuel. Bref : de chacun de nous. Il est vrai

---

1. *Das Erkenntnisproblem in der Philosophie und Wissenschaft der neueren Zeit*, t. I, p. 21 sq.

que chacun de nous n'est pas Galilée ou Descartes ; pourtant les formes *a priori* de l'esprit sont les mêmes chez tous, ce qui revient à dire que « le bon sens est la chose du monde la mieux partagée ». Le système de référence du vrai est universel et individuel, ce qui veut dire qu'il est valable pour tous.

Il est bien connu que Kant, dans la Préface de la seconde édition de la *Critique de la raison pure*, a donné à sa philosophie le sens d'une *révolution copernicienne* pour expliquer que les objets, désormais, doivent se régler sur notre connaissance, à l'inverse de ce qu'exigeait le réalisme aristotélicien aussi bien que le bon sens populaire. Si paradoxale qu'ait pu paraître cette exigence au départ, elle n'en a pas moins été la ligne maîtresse de la recherche en physique mathématique. Certes, il ne convient pas de confondre le *relativisme kantien* et la physique *relativiste* du XXe siècle. Cependant l'aisance et la clarté avec lesquelles Cassirer analyse la théorie d'Einstein[1] montre assez l'harmonie préétablie entre la science contemporaine et la philosophie transcendantale : c'est bien aux objets de se régler sur notre connaissance.

---

1. *Zur Einsteinschen Relativitätstheorie. Erkenntnistheoretische Betrachtungen.*, Berlin, 1921, trad. française J. Seidengart, Cerf, 2000.

Problématique et systématique

Cassirer a soutenu sa thèse de doctorat en 1899 dans la petite université prussienne de Marbourg, en Hesse-Nassau auprès de Hermann Cohen, chef de l'école de Marbourg, haut lieu du néokantisme. Le mot d'ordre du retour à Kant est un peu plus ancien, puisqu'il remonte à Eduard Zeller, transfuge de l'hégélianisme, auteur d'une *Philosophie des Grecs dans son développement historique* (1844-1852).

Cassirer distingue soigneusement, dans *La Philosophie des Lumières*, à propos du *Traité des Systèmes* de Condillac[1], l'esprit systématique de l'esprit de système — en français dans le texte. L'esprit systématique de Kant n'est pas à démontrer ; à considérer le texte de la *Critique de la raison pure*, on est même tenté de lui reconnaître un penchant pour l'esprit de système. Il est vrai que le discrédit jeté sur l'idée de *système*, disons par Bergson ou Husserl, n'avait nullement cours à l'époque des Lumières et jusqu'en plein romantisme, où comprendre systématiquement, c'était comprendre radicalement. Cassirer fait constamment usage en ce sens du *systématique*. À prendre l'étymologie à la lettre, il est indéniable que la *synthèse* est une opération dont le résultat ne peut être que le *système*. Ainsi, lorsque Kant s'interroge : « Comment les jugements synthétique *a priori* sont-ils possibles ? », ce qu'il met en programme, c'est le système des formes et des principes de l'entendement pur.

Système et problème ne sont pas nés pour s'entendre. Un système bien au point ne fait pas problème et le problème dans l'attente de sa solution n'apporte aucun système. Cassirer a un goût et un talent particulier pour les travaux historiques. Or l'histoire, précisément ne se prête guère au système et, surtout dans le domaine de la pensée, elle se présente essentiellement comme une suite de problèmes résolus, chaque solution conduisant à un nouveau problème, comme on voit dans son œuvre majeure *Le problème de la connaissance dans la philosophie et la science des temps modernes*[2].

---

1. *La philosophie des Lumières*, trad. P. Quillet, Fayard, 1966, p. 43-44.
2. *Erkenntnisproblem*, t. 1, p. 8.

« L'histoire de la philosophie [...], écrit-il dans la première préface (1906) de l'ouvrage, veut être une **méthode** qui nous apprend à comprendre. Que les **principes** sur lesquels elle s'appuie soient, en définitive, "subjectifs", c'est sans doute vrai ; mais cela ne veut rien dire d'autre que ceci : ici comme partout notre vision des choses (*Einsicht*) est conditionnée par la règle et la loi de notre **connaissance**. La barrière (*Schranke*) qui semble posée ici est surmontée aussitôt qu'elle est aperçue, aussitôt que les phénomènes immédiatement donnés et les moyens conceptuels de leur interprétation théorique, au lieu de rester confondus dans une unité indistincte, sont saisis comme deux moments aussi bien dans leur compénétration que dans leur relative autonomie. »

On sait que, dans l'*Analytique transcendantale* kantienne, les jugements se distinguent, selon la modalité, en **problématiques, assertoriques** et **apodictiques**. « Les jugements sont **problématiques** lorsqu'on admet l'affirmation ou la négation comme **possibles** (arbitraire)[1]. » Ces jugements correspondent à la première des catégories de la modalité : **possibilité-impossibilité**. Cette catégorisation, il faut l'avouer, n'est guère éclairante : dans une situation « problématique », qui se contenterait d'apprendre qu'il n'est pas impossible qu'un jugement soit vrai ? En vérité, la catégorie de probabilité, celle qui répond au concept de « problème », soit qualitative (possibilité d'être prouvé) soit quantitative (quotient calculable se situant entre le zéro de l'impossible et le un de la nécessité), n'existe pas dans le kantisme originaire. En définitive, ce sont les antinomies de la raison pure qui posent des problèmes insolubles car les affirmations contradictoires restent simultanément possibles.

Mais ces « problèmes sans solution » ne permettraient-ils pas d'en résoudre d'autres ? pense Cassirer. Ainsi, que Dieu soit le Grand Argentier de la création est une hypothèse difficilement vérifiable. Du reste, il se garde bien de le tenter. Simplement, trouvant cette image dans *Le jeu de la boule* de Nicolas de Cues[2], il en tire aussitôt la leçon transcendantale :

---

1. *Critique de la raison pure*, trad. Trémesaygue et Pacaud, PUF, 1944, p. 94.
2. *Erkenntnisproblem*, t. 1, p. 58.

« Si Dieu est le maître-monnayeur qui frappe l'or et lui imprime le signe de sa valeur, l'entendement humain n'est que le changeur qui considère les diverses pièces de monnaie, les échange et les évalue. Ce n'est pas la puissance créatrice qu'il met en œuvre mais le pouvoir de distinguer. »

De tels changements de plan (il dirait plutôt de « sphère », mais c'est égal), comme passer du monnayage au discernement conceptuel, permettent à Cassirer de donner une extraordinaire ampleur à cette *Histoire de la raison pure* dont le projet constitue le dernier chapitre de la *Critique de la raison pure*, le titre désignant « une lacune qui reste dans le système et qui doit être remplie plus tard[1] ». Il ne s'agit plus alors seulement de révéler la vanité de l'édifice métaphysique précritique mais d'y lire par anticipation les développements les plus sûrs de la pensée.

Soit par exemple ce doublet conceptuel de coloration typiquement préscientifique : *microcosme, macrocosme*, qui remonte à Démocrite pour le moins[2]. L'homme, le « petit monde », possède en réduction tous les éléments et les organes du grand monde. Cette théorie serait sûrement sans aucune portée épistémologique si Cassirer ne la réinterprétait comme anticipation en image du relativisme kantien : l'homme structure l'univers selon les lois de son esprit. Le titre même de son livre sur la philosophie de la Renaissance, *Individuum und Kosmos*[3] reprend discrètement la fameuse correspondance que du reste développe et commente amplement Charles de Bovelles dans son traité *De sapiente*, publié en complément :

« Si l'Homme est un microcosme, il faut qu'il soit en quelque manière dirigé et éclairé par autant de lumières et de flambeaux que nous apercevons de lampes évoluant en chœur autour du macrocosme et l'illuminant... »

Ce n'est donc pas le goût des antiquités érudites qui entraîne Cassirer dans la littérature magique, astrologique, alchimique, hermétique qui foisonne sous la Renaissance ; c'est la volonté d'analyser dans ses formes primitives la démarche intellectuelle qui va finalement conduire la pensée vers ses succès rationnels les mieux confirmés.

---

1. Trad. Citée, p. 569.
2. H. Diels, *Fragmente der Vorsokratiker*, t. 2, p. 153.
3. *Individu et cosmos*, trad. P. Quillet, éd. de Minuit, 1983, p. 335.

L'avenir est déjà présent dans ces esquisses pour qui sait l'y lire avec pénétration. Le rôle de la recherche empirique positive n'est certes pas négligeable, elle sans qui l'entendement tournerait à vide ; la vérité, pourtant, ne se construit pas pierre à pierre dans l'observation rigoureuse et la mesure. Le vrai problème, l'obstacle d'apparence insurmontable, est celui qui exige une nouvelle conception de la réalité.

Pour n'en citer qu'un exemple bien classique, la découverte du calcul infinitésimal, qui a suscitée entre Leibniz et Newton une bruyante querelle d'antériorité, est issue, comme Leibniz l'exprime lui-même, « de la source la plus intime de sa philosophie[1] ». L'analyse de l'infini n'est qu'un nouvel et fructueux accomplissement de l'exigence universelle d'analyse des concepts d'où est partie la doctrine leibnitienne, conclut Cassirer, qui y trouve évidemment un argument pour prendre parti contre Newton. Si la querelle est assurément d'importance secondaire, le principe en cause est fondamental : le progrès du savoir est problématique, les solutions sont à inventer au cas par cas. Tout système produit son problème.

---

1. *Erkenntnisproblem*, t. 2, p. 73.

Les formes symboliques

« Par *forme symbolique* il faut entendre toute énergie de l'esprit par laquelle une signification spirituelle (*ein geistiger Bedeutungsgehalt*) est attachée à un signe sensible concret et intimement appropriée à ce signe. En ce sens, le langage, le monde mythico-religieux et l'art se présentent à nous comme autant de formes symboliques particulières »,

écrit Cassirer dans un texte[1] publié peu avant le premier des trois volumes de *La Philosophie des formes symboliques*.

Cette définition ne semble pas fort rigoureuse. Pourquoi « forme » et non « symbole » tout simplement, ou même « signe » ? et comment cette forme est-elle « énergie » ? L'« énergie spirituelle » de Bergson n'est pas en cause. C'est un hellénisme emprunté à Humboldt[2], le « Kant de la linguistique », pour qui *energeia* (activité) s'oppose à *ergon* (œuvre) : le langage, tout comme le mythe ou l'art, même la science finalement, est une forme d'activité symbolisante. Que le langage soit fait de signes va de soi ; ces signes pourtant ne sont signes que pris dans le faisceau de la forme d'activité qui les pose et les éclaire comme tels.

Cette doctrine cassirérienne n'est pas sans conséquence pour la conception même du langage : contrairement à la linguistique saussurienne[3], elle se fonde sur la primauté de la *parole*, non de la *langue*, et même plus précisément en langage humboldtien, de la *phrase*. Dans cette même perspective, elle donne la primauté, dans l'interprétation de la *pensée mythique*, au *rite*, et non au récit ou autres représentations du sacré. Dans l'Art, c'est la *création* qui joue le rôle initial fondateur, non la *contemplation* ; dans le domaine scientifique, c'est la *recherche* et non le trésor des vérités acquises. Cassirer, toutefois, n'a pas accordé dans son œuvre un traitement égal aux diverses formes sym-

---

1. *Der Begriff der symbolischen Form im Aufbau der Geisteswissenschaften*, Vorträge der Bibliothek Warburg, 1921-22.
2. Wilhelm v. Humboldt, *Introduction à l'œuvre sur le Kavi*, trad. Pierre Caussat, Seuil, 1974, p. 183.
3. Ferdinand de Saussure, *Cours de linguistique générale*, éd. Payot, 1960.

boliques dont il suggère la parenté foncière. L'Art, en particulier, n'a pas reçu la place à laquelle il avait droit. On peut considérer dans une certaine mesure que l'œuvre de son jeune collègue Erwin Panofsky, professeur d'histoire de l'art à Hambourg de 1921 à 1933, apporte un utile complément[1].

Si la connaissance scientifique pose encore des problèmes plus complexes, il convient pourtant de noter la parenté de la recherche de Cassirer avec celle de son collègue mathématicien David Hilbert, de Hambourg, pour qui « les objets de la théorie des nombres sont les signes eux-mêmes[2] ». La pratique physicienne de la forme symbolique est illustrée dans ce même ouvrage[3] par la position prise par Einstein au sujet du concept d'éther dans son rapport de Leyde, *Aether und Relativitätstheorie* : il n'est nul besoin de renoncer à ce concept, il suffit de remarquer qu'il n'a plus d'autres déterminations que celles qui sont propres au champ même. La physique abandonne ainsi définitivement le domaine de la figurabilité : « le schématisme des images a cédé la place au symbolisme des principes ». Remontant aux sources du problème, Cassirer cite le mathématicien Hermann Weyl[4] :

> « Si les couleurs étaient "en réalité" des vibrations de l'éther pour Huyghens, elles n'apparaissent plus désormais que comme des tracés de fonctions mathématiques à caractère périodique, fonctions dans lesquelles les quatre variables indépendantes interviennent comme représentantes du milieu spatio-temporel rapporté à des coordonnées. Ce qui reste est donc en définitive une construction symbolique au sens précis de la démarche de Hilbert en mathématique ».

Historiquement, l'expression de « forme symbolique », dont on peut noter la présence à cette époque dans des disciplines très différentes, a pour Cassirer une source esthétique plus immédiate : Aby Warburg l'avait reprise de l'esthéticien et théoricien de l'Art bâlois Friedrich Theodor Vischer aux recherches duquel Erwin Panofsky a donné une suite originale.

---

1. Erwin Panofsky, *Study in Iconology*, 1939. Pour la parenté doctrinale avec Cassirer, voir en particulier *Die Perspektive als « symbolische » Form*, Leipzig, 1924-25.
2. David Hilbert, *Neubegründung der Mathematik*, Abhandlungen aus dem mathematischen Seminar der hamburger Universität, 1922. Cf. Cassirer, *Philosophie des formes symboliques*, III, p. 419 et suiv.
3. *Philosophie des formes symboliques*, III, p. 514-515.
4. *Philosophie der Mathematik und Naturwissenschaft*, 1927.

Mais qui est Aby Warburg ? Un riche amateur d'art et collectionneur, auteur d'un legs et d'une fondation dont naîtra la célèbre *Bibliothèque Warburg*. Cassirer lui a rendu visite en Suisse en 1920 alors qu'il se remettait mal de ce que nous appellerions un *nervous break down*. Warburg cherchait à léguer sa bibliothèque, c'est-à-dire une prodigieuse accumulation de livres de folklore, d'histoire des religions, de magie, d'astrologie, d'art... voisinant avec la littérature et la philosophie classique. Mélange particulièrement pernicieux au regard d'un néokantien pour qui la barbarie commence chez les illettrés du voisinage.

Il n'est pas exagéré de penser que cette toute nouvelle responsabilité l'a mis en condition d'entreprendre *La Philosophie des formes symboliques*. La pensée du savant malade tournait alors autour de la mutation du concept d'espace au début du XVIIe siècle :

« la pensée moderne est née lorsque Képler a brisé la traditionnelle suprématie du cercle comme forme idéale de la pensée cosmologique et l'a remplacé par l'ellipse[1] ».

Le problème est du reste traité dans les dix dernières pages d'*Individu et Cosmos*, ouvrage qui lui-même est le dixième cahier de la « Bibliothèque Marburg » (aujourd'hui *Warburg and Courtaud Institute* de l'Université de Londres).

Mais plus profondément, pour l'élaboration d'une nouveau concept méthodologique cassirerien, il faut revenir à la source kantienne.

« Toute *hypotypose* (présentation, subjectio sub adspectum), écrit Kant[2], en tant qu'image sensible, est double ; *schématique*, si on donne *a priori* à un concept saisi par l'entendement l'intuition correspondante ; *symbolique* si à un concept que seule la raison peut concevoir et auquel aucune intention sensible ne convient, on suppose une intuition où l'entendement use d'un procédé analogue seulement à celui du schématisme, c'est-à-dire qu'il s'accorde avec celui-ci pour la règle seule, non pour l'intuition, donc pour la forme, mais non pour le contenu de la réflexion. »

---

1. Fritz Saxl, *Ernst Cassirer*, in *The Philosophy of Ernst Cassirer*, éd. P.A. Schilpp, New York, 1949, p. 47-51.
2. Kant, *Critique du jugement*, § 59.

Il est remarquable que cette distinction soit apportée à propos de la *beauté* symbole de *moralité*. Les intuitions qu'on soumet à des concepts *a priori* ne peuvent être que des schèmes (présentation directe) ou des symboles (présentation indirecte). Kant donne quelques applications, tirées de la linguistique, juste pour illustrer sa doctrine : que veut dire *fonder, dépendre, découler...* lorsqu'il ne s'agit ni de bâtiment, ni d'accrochage, ni de ruissellement... ? Mais Cassirer n'en reste évidemment pas à ces analogies parlantes ; il s'ouvre philosophiquement au monde des sciences humaines, d'abord la linguistique, puis à des domaines bien plus éloignés de ses intérêts initiaux comme la mythologie des Yoruba de Nigéria ou des Zuni du Nouveau Mexique. Comment un esprit primitif se représente-t-il l'espace, le temps, son propre moi intérieur... ? La synthèse des données ethnologiques est opérée selon une méthode qui, malgré la nouveauté de l'entreprise, exprime radicalement la pensée du néokantisme : primauté de l'action ; en matière de religion, priorité du cultuel sur le narratif.

> « Ce n'est donc pas dans la simple image des dieux que nous trouverons la véritable objectivation du sentiment fondamental du mythe et de la religion, mais dans le culte qu'on leur rend. Car le culte est le rapport *actif* de l'homme à ses dieux [...] La *narration* mythique n'est la plupart du temps qu'un reflet de ce rapport direct[1]. »

Cassirer a naturellement nourri son ouvrage des travaux de Frobenius, de Frazer et d'Usener. Il n'ignore pas les Français, mais on voit à quelle distance il se trouve du sociologisme de Durkheim[2]. Les primitifs sont des penseurs.

---

1. *Philosophie des formes symboliques*, II, p. 257.
2. *Ibid.*, p. 226-229.

Linguistique

Structuralism in modern Linguistics est le sujet de la dernière conférence qu'ait faite Cassirer. C'était deux mois avant sa mort, au Cercle linguistique de New York. Le « structuralisme linguistique », déclare-t-il très classiquement, considère la langue comme un ensemble de systèmes. Il cite Viggo Bröndal :

> « Dans un état de langue donné, tout est systématique ; une langue quelconque est constituée par des ensembles où tout se tient : système des sons (ou phonèmes), système des formes et des mots (morphèmes et sémantèmes). Qui dit système dit ensemble cohérent : si tout se tient, chaque terme doit dépendre de l'autre. Or on voudrait connaître les modalités de cette cohérence, les degrés possibles et variables de cette dépendance mutuelle, en d'autres termes, il faudrait étudier les conditions de la structure linguistique, distinguer dans les systèmes phonologiques et morphologiques ce qui est possible de ce qui est impossible, le contingent du nécessaire[1]. »

La structure se distingue donc du « système » comme règle des modalités de la cohérence des systèmes. Le texte de Bröndal, toutefois, n'est pas sans ambiguïté, et Cassirer renvoie à Saussure, Troubetzkoy et Jacobson sans mentionner les divergences qui séparent les divers courants du structuralisme. Et il rejoint bientôt un sol plus ferme en rappelant l'origine du mot de « morphologie », qui fut créé par Gœthe comme titre général de sa théorie des métamorphoses des plante et de l'étude comparative de leur anatomie. Réflexe typiquement cassirérien du « retour à Gœthe » qui dit son dépaysement à l'égard de cette problématique contemporaine qui contraint le néokantien à affronter le structuralisme.

Gœthe, donc, s'accorde avec Cuvier et Geoffroy-Saint-Hilaire sur le principe de « corrélation des formes dans les êtres organisés » qui régit l'anatomie comparée. La *Méthode comparative en linguistique historique* d'A. Meillet reprend mot pour mot le principe de Cuvier en l'appliquant à la matière linguistique. Le structuralisme se dévoilerait

---

1. *Word*, publication quadrimensuelle du Cercle linguistique de New York, P. Taylor, N.Y. University, Washington sq., N.Y.3, 1945-I, p. 99-120.

alors comme un retour au principe de finalité interne kantien et au fixisme de Cuvier. On sait, en effet, que Kant est comme Cuvier fixiste et jacobin, alors que le lamarckisme était alors d'Ancien Régime. Il reste à régler un problème qui, pour Cassirer, n'a jamais perdu de son urgence : réfuter le matérialisme, en l'occurrence le biologisme linguistique. Ne pas tomber, d'autre part, dans un spiritualisme tout aussi incompatible avec le criticisme : « esprit (*Geist*) » est un terme parfaitement correct pour désigner l'objet des « sciences de l'esprit » (comme on dit en allemand pour parler des « sciences humaines ») à condition de ne pas l'entendre comme le nom d'une substance (*res cogitans*) mais en un sens fonctionnel, comme désignant tout le système des fonctions qui constitue le monde de la culture[1].

La définition que donne Troubetzkoy de la *phonologie* écarte l'interprétation matérialiste : c'est la *phonétique* qui étudie les sons dans leur matérialité. La phonologie étudie les phonèmes, c'est-à-dire les éléments constitutifs du signifiant linguistique ; le langage est ainsi forme symbolique, et la linguistique une partie de la *sémiotique*, non de la physique. L'universalisme humboldtien écarte d'autre part toute suspicion de spiritualisme. À cet égard, le structuralisme rend justice au linguiste disciple de Kant :

> « Je me trouve d'accord, écrit Bröndal, avec l'universalisme exigé et pratiqué il y a cent ans par le grand maître de la linguistique générale qu'était Guillaume de Humboldt[2]. »

S'il avait eu besoin d'une autorité philosophique, ajoute Cassirer, Bröndal aurait pu citer Kant.

En vérité, Kant a fait peu de cas des problèmes du langage, bien que sa philosophie se rattachât, pour l'essentiel, au *nominalisme*. Cassirer ne désapprouve pas foncièrement la campagne menée à ce propos par Herder contre la *Critique*[3]. Il reste que la linguistique nous offre pour ainsi dire en la personne de Humboldt le penseur qu'aurait été Kant s'il avait été aussi linguiste.

---

1. Ce problème n'est pas directement traité dans *Substance et fonction* (1910).
2. V. Bröndal, *Structure et variabilité des systèmes morphologiques*, Scientia, August 1935, p. 110, cité in *Word*, p. 104.
3. *Metakritik zur Kritik der reinen Vernunft* (1799).

> « Ce qui constitue le verbe [...], écrit Humboldt, ce qui le distingue nettement du nom et des autres parties du discours susceptibles de prendre place dans le schéma de la phrase, c'est qu'à lui seul est délégué l'acte de position synthétique sous la forme d'une fonction grammaticale [...] Les autres termes de la phrase constituent en quelque sorte un matériel inerte, en attente de liaison ; le verbe représente, seul, le centre effecteur qui assure l'entretien et la propagation de la vie[1] ».

C'est une idée classique chez les grammairiens mais, justement, ce n'est pas dans ce sens que s'est établie et développée la linguistique structurale dans son ensemble où, chez Saussure, par exemple, par la primauté de la langue sur la parole, du paradigme sur le syntagme, on pourrait presque dire que c'est la langue qui parle et non véritablement le locuteur.

Naturellement, Cassirer n'est pas et ne veut pas être un linguiste mais le philosophe qui établit les conditions *a priori* de la linguistique. Son contact le plus amical avec le monde proliférant de la linguistique tient largement du hasard : le 20 mai 1941, cherchant à échapper à l'encerclement nazi, il embarque à Malmö sur le Remmagen, navire marchand battant pavillon suédois ; à bord se trouve également Roman Jakobson, citoyen norvégien d'origine russe, qui a fondé avec N.S. Troubetzkoy le Cercle Linguistique de Prague. La conversation se prolongera tout au long de cette périlleuse traversée jusqu'à New York. Cette amitié a valeur d'initiation mais elle est tardive. Lors de la parution de la première partie de *La Philosophie des formes symboliques, Le langage*, en 1923, il ne connaissait ni Troubetzkoy ni Saussure, dont le *Cours* n'a été publié qu'en 1915 (posthume). Il n'a pas eu l'occasion de prendre position sur une démarche qui s'oppose à l'extrême à celle de Humboldt.

Pour l'exprimer simplement, Saussure lui-même a recours à cette comparaison[2] : la langue est un jeu d'échecs, défini par l'échiquier, les pièces et les règles ; toutes les parties d'échecs possibles se déduisent de ce protocole. Peu importe, par exemple, que les pièces soient en bois ou en ivoire, peu importe leur origine historique, etc. Seul compte le **jeu** (le **game** par opposition aux **plays**, aux parties qui se jouent

---

1. *Introduction à l'œuvre sur le Kavi*, traduction P. Caussat, Seuil, 1974, p. 367.
2. F. de Saussure, *Cours de linguistique générale*, Payot, 1960, p. 43.

effectivement). La partie qui, au plan du langage, correspond à la « parole », au « discours », n'est évidemment pas ignorée de la doctrine saussurienne ; elle est simplement inessentielle.

L'approche cassirérienne qui, on le sait, n'a pas pour objet la **langue** mais la **linguistique**, à la recherche des conditions *a priori* de ce savoir, ne va pas reléguer l'activité du sujet au rang d'une simple conséquence de l'existence du système. La langue, certes, est « arbitraire », nous n'en sommes pas les auteurs, et pourtant c'est nous qui la « créons », comme on dit pour une pièce de théâtre. Il faut notre intention locutrice pour que son système soit mis en œuvre. Et l'on pourrait en dire autant de l'art ou de la religion.

> « Il nous faut revenir à la symbolique "naturelle", écrit Cassirer[1], à cette mise en scène du tout de la conscience, si nous voulons former le concept de la symbolique artificielle des signes "arbitraires" que la conscience a créés pour elle-même dans le langage, dans l'art et dans le mythe. La puissance et la fécondité de ces signes médiats resteraient une énigme s'ils n'avaient leur racine profonde dans une démarche originaire de l'esprit, fondée dans l'essence de la conscience elle-même. »

---

1. *La Philosophie des formes symboliques, I. Le langage*, trad. Ole Hansen-Love et J. Lacoste, éd. Minuit, 1953, p. 49.

Religion

Cassirer ne traite pas de religion mais du mythe. Entendons-nous : dans *La Pensée mythique*, il cite de nombreux textes bibliques parmi d'autres documents de l'ethnologie ou de l'histoire des religions. Mais il n'assume pour son compte aucune position religieuse. Si les mythes, si les religions en général sont des objets d'étude, alors que la religion proprement dite reste affaire de vie privée, n'y a-t-il pas quelque indiscrétion à supputer la pensée religieuse d'un philosophe qui, après tout, n'a jamais écrit, comme Kant, Hegel ou Cohen, une *philosophie de la religion* ?

Cassirer est issu d'un milieu juif remarquablement assimilé, dont les convictions étaient proches de la position d'israélite libéral et humaniste de Moïse Mendelssohn qui, dans sa *Jerusalem* soutenait déjà, en plein XVIIIe siècle, le principe de la séparation des églises et de l'État et se montrait hostile au théocratisme des rabbins.

Ce serait un parfait contresens de laisser entendre que la philosophie de Cassirer est une philosophie juive : elle ne l'est pas plus que la physique d'Einstein n'est une physique juive. Mais les nazis, eux, n'ont pas manqué de proclamer cette identification. Qui peut, dans une pareille époque, maintenir que l'appartenance religieuse reste une affaire privée ? La pensée de Cassirer ne pouvait pas ne pas être marquée, finalement, par le destin du judaïsme.

S'il ne s'est jamais éloigné de son maître de Marbourg, Hermann Cohen dont il a même prononcé l'éloge funèbre[1]), de sérieuses nuances sont pourtant à retenir. Nul n'a été plus engagé que Cohen, durant la Première Guerre mondiale, dans l'union sacrée pour la défense de la patrie allemande[2]. Pour nous qui connaissons la suite de l'histoire, la lecture de ces appels patriotiques passionnés suscite des sentiments déchirants. Durant la même période, où bien des auteurs

---

1. *Hermann Cohen, Worte gesprochen an seinem Grabe*, Neue Jüdische Monatshefte, 1918. Nr. 15-16.
2. *Deutschtum und Judentum. Von deutscher Zukunft.* 1. Stück. Verlag von Alfred Töpelmann in Giessen, 1915.

français et allemands ont rivalisé de chauvinisme, Cassirer est resté très modéré : *Liberté et forme, études de l'histoire de l'esprit allemand* (1916), *Hölderlin et l'idéalisme allemand* (1917) sont des œuvres profondes qui ne portent pas trace d'un engagement à courte vue. Dans le même sens, tout confirme qu'il ne s'est pas facilement résolu à prendre au sérieux la menace hitlérienne et que, dans les dernière années de sa vie, aux États-Unis, à Yale et à Columbia, il avait le plus grand mal à accorder entièrement crédit aux terribles nouvelles qui lui parvenaient d'Europe, tant était grande sa confiance dans la culture allemande. Pour ses collègues, il était « l'Olympien ».

Cohen avait développé une religion de la raison qui était en même temps une philosophie de la religion[1]. Il n'y a de religion que juive, tout le reste est superstition. Il analyse comme « amalgame » les efforts de dialogues avec la philosophie grecque de Philon d'Alexandrie ou de Maïmonide ; le spinozisme est entièrement rejeté. Il est même curieux de remarquer que ce néokantien récuse comme « eudémonisme » (philosophie du bonheur) la théorie kantienne des « postulats de la raison pratique » pour laquelle l'impératif du devoir laisse espérer les récompenses de la vie éternelle.

Cassirer n'est pas entré dans des développements aussi étendus sur le thème de la religion. Cependant, la dialectique de la conscience mythique ne pouvait pas ne pas le conduire à la religion. Au fur et à mesure que se développe la vision mythique du monde une division s'opère entre *réalité* et *sens* qui constitue le point de départ de la conscience religieuse. Il n'est pas question de dépouiller la religion de ses éléments mythiques au risque d'en faire une abstraction vide : de ces éléments elle garde les significations et rejette l'existence.

Dans l'histoire biblique, le lieu de cette crise est le passage aux livres prophétiques.

> « Aux yeux des prophètes, le seul rapport qui puisse réellement unir l'homme et Dieu est le rapport éthique et spirituel entre le "Je" et le "Tu" [...] L'image sensible et l'univers des phénomènes sensibles tout entier doivent être dépouillés de toute "teneur symbolique"...[2] ».

---

1. Sylvain Zac, *La philosophie religieuse de Hermann Cohen*, Paris, Vrin, 1984, p. 31.
2. *Ibid.*, p. 297.

La pensée religieuse de Cassirer, toutefois, ne s'enferme pas dans le judaïsme : il analyse dans cet esprit la religion de Zoroastre et la spiritualité chrétienne, comme passage du mythe à la mystique. Dieu engendre un Fils : élément typiquement mythique. Et l'opération démythologisatrice a lieu avec la théologie négative de Maître Eckhart :

> « La mystique chrétienne [...] est toujours menacée de voir cette vacuité et ce néant s'attaquer au moi comme ils s'attaquent à l'être. Il reste cependant une ultime limite, qu'à l'inverse de la spéculation bouddhiste elle ne franchit pas. Car, dans le christianisme, qui met au centre de ses préoccupations le problème du moi individuel, et de l'*âme singulière*, on ne peut penser la délivrance du moi (au sens de la délivrance *hors du moi*) que dans la mesure où elle implique en même temps la délivrance *du moi* (au génitif subjectif), c'est-à-dire son salut. Même lorsque Maître Eckhart et Jean Tauler semblent approcher la limite du *nirvana* bouddhiste, et laissent le soi s'abolir en Dieu, ils s'efforcent donc dans une certaine mesure de conserver sa forme individuelle à cette abolition : il subsiste un point, une "étincelle", par lequel le Moi sait qu'il est lui-même aboli en Dieu[1]. »

Voulez-vous libérer votre moi ou vous libérer de votre moi ? La finesse de l'analyse cassirérienne vous laisse le choix entre christianisme et bouddhisme : il s'en faut d'une étincelle. Il s'en faut aussi du sens à donner à un génitif : « la philosophie de la religion et la philosophie du langage se réunissent par la médiation d'un seul terme, le "sens" spirituel[2] ». C'est par cette *Dialectique de la conscience mythique* que la fin de *La Pensée mythique* est le sommet de *La philosophie des formes symboliques*.

L'histoire de la pensée de Cassirer pourrait se clore sur ce point si le sol n'avait tremblé sous ses pas, si le sous-sol mythique n'avait brutalement refait surface.

> « Nous considérions le mythe comme un courant sauvage et exubérant jaillissant d'une profondeur inconnue. Dans la politique moderne, ce courant était endigué et canalisé. Le mythe n'est plus un jeu de l'imagination libre et spontané. Il est réglé et organisé ; il est ajusté aux besoins politiques et utilisé à des fins politiques concrètes [...]. Les mythes sont promus à l'existence par les mots d'ordre des

---

1. *La Philosophie des formes symboliques*, trad. française cit., p. 292-293.
2. *Ibid.*, p. 297.

leaders politiques. On peut les fabriquer à volonté, ils sont devenus un composé artificiel produit dans un grand laboratoire de politique. La XXe siècle est un siècle technique. Il a inventé une nouvelle technique du mythe et cette invention s'est avérée décisive pour la victoire finale du parti national-socialiste en Allemagne[1] »

écrit-il en 1944 dans le *Contemporary Jewish Record*, faisant allusion, évidemment, à la « victoire finale » de 1933 qui fit d'Adolf Hitler le chancelier du Reich.

La technique allemande, qui a déjà fait ses preuves dans le domaine des colorants, des explosifs, des aciers spéciaux, etc. démontre maintenant sa maîtrise idéologique dans le domaine du mythe, domaine qui, certes, est familier à Cassirer, mais non, il va de soi, cet usage politique qui tend précisément à la destruction des valeurs universelles auxquelles il tient le plus. Les dirigeants politiques de la république de Weimar étaient généralement des socialistes et même, plus précisément, des marxistes déterminés, convaincus que toute vie sociale et politique repose exclusivement sur les conditions économiques. Vis-à-vis de l'idéologie national-socialiste, les intellectuels libéraux, particulièrement les néokantiens, ne pâtissent pas de cet aveuglement matérialiste.

Les régimes totalitaires créent par tous les moyens une psychose de trahison qui pousse aux mesures d'exception contre les suspects. Qui sont les suspects ? Cassirer ne proteste justement pas de l'innocence de ses frères : ils sont tous virtuellement coupables du crime de haute trahison.

« Ils l'avaient prouvé par toute leur histoire, par leurs traditions, par leur vie culturelle et religieuse. Dans l'histoire de l'humanité, ils avaient été les premiers à nier et à défier ces mêmes conceptions sur lesquelles était bâti le nouvel État ; car c'est le judaïsme qui a fait le premier le pas décisif conduisant d'une religion *mythique* à une religion *éthique*[2] ».

---

1. *Judaism and the Modern Political Myths*, Contemporary Jewish Record, vol. VII, 1944, p. 115-126.
2. *Ibid.*, p. 115.

Textes commentés

I - L'Anamnèse platonicienne

La réminiscence, l'acte de se ressouvenir, apparaît chez Platon dans l'élucidation des rapports systématiques du concept d'âme avec celui d'idée, seule expression adéquate pour désigner cette forme caractéristique d'objectivité que possède l'objet pur du savoir vis-à-vis de l'acte de savoir. Il ne faut pas que l'objet du savoir, l'« égal en soi » et le « droit en soi », le « juste en soi » et le « beau en soi » soit l'œuvre de l'âme, du moi : il a été montré au contraire que l'âme ne trouve sa propre essence et sa propre unité que par son mouvement vers l'idée, vers l'étant en soi. Réciproquement, pour que l'âme puisse se retrouver dans le monde des idées, il ne faut pas que celui-ci soit quelque chose de purement étranger et extérieur : comment lui serait-il alors possible de saisir et de reconnaître dans un tel monde son propre principe, le principe de la vie et de la conscience de soi ? Il faut que la conscience apprenne à se connaître dans l'objet sans que celui-ci soit englouti dans la conscience, dans la série des actes de conscience apparaissant et disparaissant dans le temps. Le conflit dialectique sous-jacent à cette exigence ne se résout que si l'on admet une relation non simplement intermédiaire mais originaire : une relation constituée de telle sorte que l'âme, en se détournant justement de toute l'extériorité, de tout l'être empirique des choses et en se tournant vers elle-même, contemplant sa propre essence, saisisse en même temps un « autre » dans sa propre nature et comme élément constitutif de cette essence. Et c'est bien là effectivement la relation dont nous pouvons selon Platon nous assurer directement dans tout acte pur de connaissance et tout acte pur de volonté. Ce que nous percevons dans l'acte pur de connaissance, ce que nous nous efforçons d'atteindre dans l'acte pur de volonté n'est jamais plongé dans le cours de nos représentations et de nos efforts, dans le mouvement de la pensée et du vouloir comme tel, il se tient comme modèle éternel, comme « paradigme », dans le royaume de l'être pur (*Théétète, 176e*). Et c'est pourtant bien cet être que nous retrouvons comme un être certes différent de l'âme, mais d'une essence apparentée à l'âme dans sa diversité même, d'une essence qui lui appartient. « S'il existe bien ce dont nous parlons sans cesse, dit Socrate dans le *Phedon*, à savoir le beau et le bien et toutes les essentialités de cette sorte, et si nous y rapportons tout ce qui nous vient des sens comme à quelque chose que nous avons possédé auparavant mais que maintenant nous retrouvons comme notre propre bien, il faut alors nécessairement que notre âme, tout comme ces êtres, ait existé avant que nous ne soyons nés. » (*Phedon*, 76d). Les idées font partie de ce qui est « nôtre » ; nous en reprenons possession comme d'un bien qui nous appartenait déjà [...]. L'idée se tient devant nous non comme fruit du hasard, comme quelque chose qui serait « tombé » en nous de l'extérieur mais comme un élément nécessaire, entrelacé dans notre essence. C'est ce double rapport qui s'exprime dans le concept de « réminiscence ». Toute connaissance est *anamnesis*, est l'acte de se ressouvenir de ce que l'âme porte en soi comme son trésor originel.

Platon, in *Die Geschichte der Philosophie*, de Max Dessoir, éd. Ullstein, Berlin, 1925, p. 111-112, trad. orig.

Cassirer est professeur à Hambourg lorsqu'il écrit l'histoire de la philosophie des Grecs depuis les origines jusqu'à Platon dans un ouvrage collectif destiné à un vaste public. Il y révèle son art d'expliquer simplement un point difficile de la pensée platonicienne et aussi, d'une manière plus indirecte, les réserves que suscite en lui son audace métaphysique. L'âme ne découvre nullement les idées dans son expérience, et elle ne les crée pas non plus. Les idées viennent d'ailleurs. Nous reconnaissons que des choses sont belles sans apercevoir la beauté elle-même (le beau en soi), qu'une ligne est droite sans avoir jamais vu la rectitude elle-même, qu'une conduite est admirable sans avoir rencontré le courage en personne etc. Nous savons bien ce que nous voulons dire en parlant d'*égalité*, de *justice* ou d'*unité*, mais d'où le savons-nous ? nous l'ignorons. Il est trop facile de supposer que les « idées » nous ont été enseignées par nos maîtres. Comme le montre Socrate dans une célèbre leçon de géométrie donnée à un jeune esclave (*Ménon* 82b et suiv.), pour apprendre, il faut déjà savoir. L'enfant, interrogé par Socrate, se trompe plusieurs fois mais finit par trouver seul la bonne réponse (le carré dont la surface est double de celle d'un carré donné est celui qui a pour côté la diagonale de ce carré). L'enfant, petit à petit, non sans efforts, finit par se ressouvenir (anamnèse)... La figure géométrique n'est pas un objet sensible, non plus que les idées éthiques, esthétiques, politiques ou autres ; elles sont les modèles (paradigmes) immuables des choses sensibles. L'âme les connaît directement, elle leur est apparentée, bien qu'elles lui soient extérieures. Cette analyse du problème de la connaissance vient à l'appui, selon Platon, de la doctrine de l'éternité de l'âme (antérieurement à la naissance et après la mort) qui correspond à des croyances religieuses de cette époque, *orphiques*, non traditionnelles d'ailleurs chez les Athéniens.

Cassirer traite cet idéalisme ancien avec beaucoup d'égards sans toutefois se laisser entraîner dans ses mythes métaphysiques. Le point ferme est que les objets purs de la pensée ne sont pas les produits des actes de penser : l'esprit découvre les formes immuables par la réflexion ; elles sont apparentées à l'esprit, elles sont les formes *a priori* qui conditionnent la connaissance. En un mot, elles ne sont pas des objets transcendants mais des formes *transcendantales* selon le langage de Kant. L'éternité qui leur est conférée est de l'ordre de la logique. Kant lui-même, s'il avait récusé comme vanité le monde des idées, n'avait rien cédé sur la rigueur scientifique et l'universalité de l'impératif moral, et même, à vrai dire de la norme esthétique. Nous retrouvons cette triple voie critique dans l'exposé de Cassirer, le vrai, le bien, le beau, ce qui nous montre que la philosophie kantienne et néokantienne n'a pas à l'égard du platonisme une attitude de rejet mais de réinterprétation.

II – De la théologie négative
à la théorie de la connaissance

Il est une deuxième voie conduisant de la « théologie négative », selon l'expression du Cusain dans ses premières œuvres, à la théorie de la connaissance de la période ultérieure. Si, dans le premier cas, l'absolu ne pouvait être atteint que dans la négation de notre savoir fini, dans l'autre, la connaissance est modèle achevé et répétition précise du divin ; si, dans l'au-delà, toutes les catégories de la pensée s'évanouissent et sont à dépasser, nous y trouvons désormais la première prise ferme qui nous permette de comprendre par analogie l'essence suprême, de nous la rendre intelligible. « Subjectivité » ne veut plus dire pôle contraire de l'Être absolu mais le pouvoir fondamental qui nous rend capable de le contempler et de l'interpréter. Le domaine de la pensée et celui de l'Être restent certes différemment circonscrits, de sorte qu'ils ne pourront jamais coïncider parfaitement, pourtant, il existe entre eux, quant au contenu, une harmonie générale en vertu de laquelle toutes les relations de l'Être se projettent et se présentent dans l'esprit humain à sa mesure.
Il existe aussi par suite entre ces aspects contraires de l'ensemble du système une relation intime. En effet, la correspondance de l'esprit et de la réalité n'est plus à prendre au sens où il s'agirait d'un reflet, d'une copie de l'être transcendant dans quelque objet de la conscience. Ce qui constitue le point de comparaison adéquat n'est ni un concept singulier, ni une donnée fixe de la représentation ou de la pensée mais uniquement les opérations et activités de l'intellect à partir desquelles se développent les configurations singulières. La cause créatrice suprême, strictement distincte et séparée de tout contenu déterminé de la conscience, se reflète dans la fonction universelle de la conscience : n'étant conçue par aucune des déterminations [à la lettre : *déterminités*] de la pensée, elle révèle justement sa connexion avec l'unité active de la détermination. Une fois encore intervient l'exemple de l'infini mathématique qui n'est mesurable par aucune unité car il représente par lui-même

le principe de toute mesure[1]. Ainsi nous faudrait-il, pour avoir une image de l'Être divin, la chercher non dans le domaine du visible mais dans l'acte même de voir[2]. Dieu est l'activité pure et illimitée du voir qui ne s'attache à aucun objet singulier, le pouvoir fondamental de connaître qui ne se limite à aucun de ses produits. En lui est surmontée l'opposition du sujet et de l'objet, du procès de connaître et de son objet : « purissimus intellectus omne intelligibile intellectum esse facit : cum omne intelligibile in ipso intellectu sit intellectus ipse[3] (l'intellect souverainement pur fait de tout intelligible quelque chose d'intelligé ; car tout intelligible dans l'intellect même est l'intellect même) ». Il se comporte vis-à-vis du monde comme une lumière vis-à-vis des diverses couleurs ; elle est contenue comme un présupposé dans chacune d'elles sans pourtant passer dans aucune d'entre elles dans sa pureté et son intégrité.

Das Erkenntnisproblem in der Philosophie und Wissenschaft der neueren Zeit, Bd I. Berlin, 1906. S. 55-56. Trad. originale

Dieu est le « non autre », le *non aliud*, selon la définition de Nicolas de Cues, dont le latin reste marqué d'une trace de barbarie scolastique, ce qui veut dire que nous ne pouvons rien connaître de lui que par négation. Il est tout en tout et cependant il n'est rien de rien. Cassirer analyse attentivement cette pensée qu'on pourrait croire tout-à-fait étrangère à la sienne. Le mystère de la Trinité lui-même vient éclairer par analogie la structure de notre subjectivité : l'Intellect est en nous-mêmes uni à l'Intelligible par la Connaissance. Intellect, Intelligible et Connaissance sont l'image même des Trois Personnes qui manifeste la présence du Logos.

Mais inversement, c'est ainsi qu'analogiquement il nous est donné de comprendre ce que les hommes se représentent dans l'Être absolu. En vérité, Cassirer ne fait aucune incursion en théologie, sinon pour retrouver dans la démarche du Cusain (on a parfois ironisé sur sa faveur pour le « cardinal allemand ») l'esquisse de sa

---

1. *Complementum theologicum.*, Cap. XI, fol. 98b.
2. Cf. *De quaerendo Deum* (1445), fol. 198a.
3. *De filiatione Dei* ; fol. 67b.

propre doctrine d'un moi qui réalise activement la structure de son expérience. Parmi les attributs de la divinité, les théologiens retiennent tous classiquement l'omnipotence et l'omniscience (Dieu est l'auteur de tout et n'ignore rien) ; le Cusain n'y contredit pas mais inverse la priorité : il faudrait selon notre métaphysique trop humaine d'abord créer pour ensuite connaître — tant qu'il n'y a rien, que connaître ? — alors que Nicolas de Cues situe l'acte créateur dans l'acte même de connaître, tout simplement : de voir. Cassirer fait son profit de ce renversement. Le savoir est source de l'être. Dieu voit, l'homme non ; il est privé d'intuition intellectuelle, c'est sa « finitude », relativement à Dieu. L'homme connaît par concepts, formellement. Il donne forme au monde. À vrai dire, il n'y a pas de monde avant cette mise en forme : un monde informe n'est pas un monde.

Le condensé de doctrine cusanienne qui nous est finalement proposé se lit *a contrario* comme description du savoir humain par passage de l'infini au fini. Notre activité connaissante est impure et limitée ; elle s'attache à l'objet singulier, elle se limite à son produit. Le sujet s'oppose à son objet. L'impur est le donné sensible, expression de la passivité de l'esprit. À l'inverse de ce qu'énonce la phrase latine du Cusain, l'objet de l'entendement ne devient pas l'entendement lui-même.

Reprenant l'image platonicienne de *République 508a*, disons que notre œil n'est pas le soleil, qu'il ne fait pas naître les couleurs, comme l'Un fait naître les êtres. La distance qui nous sépare de Dieu est infinie ; elle est au sens propre « immense », sans aucune mesure. Nous n'avons donc aucun moyen ni aucun besoin de fonder sur la certitude de l'existence de Dieu notre propre certitude.

III – Colloque de Davos

Heidegger a dit avec raison que la question fondamentale de sa métaphysique est celle-là même qui a dominé la pensée de Platon et d'Aristote : qu'est-ce que l'étant ? Et il a dit ensuite que Kant a renoué avec cette question fondamentale de toute métaphysique. Mais il me semble qu'il y a ici une différence essentielle : à savoir ce que Kant a appelé la révolution copernicienne. Certes la question de l'être ne me paraît pas du tout éliminée par cette révolution. Mais la question de l'être acquiert par ce renversement une forme beaucoup plus différenciée qu'elle ne l'avait eue dans l'Antiquité. En quoi consiste ce renversement ? « Jusqu'à présent on admettait que la connaissance devait se régler sur l'objet... Mais que l'on essaie une fois de poser la question inverse. Qu'en serait-il si ce n'était pas nos connaissances qui devaient se régler sur l'objet, mais bien l'objet sur la connaissance[1] ? Cela signifie que la question de savoir comment les objets sont déterminés est désormais précédée par la constitution ontologique d'une objectivité en général ; et que tout ce qui vaut de cette subjectivité en général doit valoir aussi de tout objet engagé dans cette structure ontologique. Ce qu'il y a de nouveau dans ce renversement me paraît résider dans le fait que cette structure ontologique n'est plus désormais unique, mais que nous avons à notre disposition des structures ontologiques très diversifiées. Toute structure ontologique nouvelle suppose de nouvelles conditions *a priori*. Kant montre qu'il ne peut échapper aux conditions de possibilité de l'expérience. Il montre comment chaque espèce de forme nouvelle concerne désormais à chaque fois un monde nouveau d'objectivité : ainsi l'objet esthétique n'est-il pas lié à l'objet empirique, il a ses propres catégories *a priori*, l'art constitue un monde, dont les lois sont autres que celles du monde physique. Par là s'introduit une diversité tout-à-fait nouvelle dans le problème de l'objet en général. C'est par là que la vieille métaphysique dogmatique devient précisément la nouvelle métaphysique kantienne. L'être de la vieille métaphysique était la substance, le substrat à chaque fois unique. L'être de la nouvelle métaphysique n'est plus, pour parler mon langage, l'être

---

1. Citation approximative de Kant, *Critique de la raison pure*, Préface de la 2ᵉ édition.

d'une substance, mais l'être qui procède d'une pluralité de déterminations et de significations fonctionnelles. C'est ici que me paraît résider le point essentiel où ma position se distingue de celle de Heidegger.

Ernst Cassirer, Martin Heidegger, *Débat sur le Kantisme et la Philosophie*, Davos, mars 1929. Bibliothèque des Archives de philosophie 12, Beauchesne, 1972, p. 48-49. Trad. P. Aubenque.

En mars 1929, à Davos, première rencontre philosophique internationale de l'après-Première-Guerre-mondiale, le débat semble s'être resserré entre Cassirer, qui vient de publier le deuxième et va publier le troisième livre de la *Philosophie des formes symboliques*, et Heidegger, qui vient de publier *Être et temps* et de prendre la succession de Husserl à l'université de Fribourg-en-Brisgau. C'est une période de « crise » à tous points de vue.

Être et temps reprend une question « oubliée » depuis les Grecs, celle de l'être, que nul philosophe ne peut tenir pour accessoire, Cassirer n'en disconvient pas. En français, nous disons souvent « les êtres » pour exprimer ce que le grec et le latin appellent « les étants » (*onta, entia*), tout comme l'allemand (*Seinde*) ; mais « les êtres » n'est pas le pluriel de *l'être* (*einai, esse, sein*) entendu comme l'infinitif du verbe être ou l'infinitif sous forme nominale. Le fait que les étants sont, leur être, n'est pas la classe général des étants, qui serait alors la plus pauvre, la plus « abstraite » de toutes. Rien, au contraire, n'est plus décisif que le fait ou l'acte d'être.

Exister n'est pas non plus un bon équivalent d'*être* (Descartes lui-même donne pour identique : *je suis, j'existe*). J'existe (ou tu existes) dans mes actions, mes paroles, mes œuvres, ma coexistence avec autrui,... c'est-à-dire « hors de moi-même » (ex-sister), ce qui n'est pas vrai des choses qui sont « pour moi », d'abord comme « outils ». De toute façon, exister, au sens propre, est bien un mode de l'être, mais étroitement caractéristique de l'*être-là* (*Dasein*) que nous sommes.

Cassirer oppose à cette doctrine, ou plutôt à la « vieille métaphysique dogmatique » qu'il pense reconnaître sous cette moderne vêture, la *révolution copernicienne* de Kant, que celui-ci a transférée, non sans raison, de l'astronomie à la théorie de la connaissance : c'est à l'objet de se régler sur notre connaissance. La portée de la célèbre métaphore est discutable : Copernic n'a-t-il pas plutôt mis en mouvement l'observateur terrestre relativement aux objets célestes ? il reste pourtant le principe de la détermination de l'objet par le sujet. Rejetterons-nous dans le néant une œuvre d'art, un acte héroïque, une affaire juridique, une cérémonie... ou un ensemble mathématique sous le prétexte que ces réalités ne sont pas des « choses » (des « substances ») ? Si Aristote, pour qui l'être se dit de multiples manières, fait pourtant de la substance la première des catégories, c'est justement pour dire qu'elle *est* (qu'elle existe, comme nous disons, mal) sans nous. La statue redevient ce qu'elle est matériellement, une simple pierre, pour celui qui n'a pas la moindre idée de l'art comme pour l'oiseau qui se pose sur elle. Mais elle est une statue, ontologiquement. Kant a libéré l'activité créatrice de l'esprit qui fait entrer l'être dans la diversité.

Cassirer justifie parfaitement la position kantienne contre le dogmatisme. Toutefois, a-t-il bien identifié son adversaire dans ce colloque ? Si Heidegger n'a pas encore publié son *Kant et le problème de la métaphysique*, cet ouvrage est pourtant le fruit de cours et de séminaires qui se poursuivent depuis 1925 et dont il expose encore à Davos les résultats. Et pour une lecture approfondie, *Être et temps*, apparaît bien dans le prolongement du *Kant* en gestation. Kant lui-même n'a pas, en définitive, élaboré son œuvre critique pour la destruction de la métaphysique mais, comme il le dit dans son titre de 1783, comme *Prolégomènes à toute métaphysique future qui pourra se présenter comme science*. Il ne s'agit donc pas à Davos d'un conflit entre criticisme et dogmatisme mais d'un affrontement entre deux interprétations du criticisme.

Les deux philosophes (qui ne sont pas de la même génération) sont donc bien plus proches qu'ils ne semblent le penser. Cassirer a donné un large développement au symbolisme qui ne figure dans l'œuvre de Kant qu'à l'état d'esquisse ; Heidegger a saisi la *Critique de la raison pure* sous l'angle très spécial et pour lui fondamental du schématisme. Il a lu avec intérêt *La pensée mythique* parce que ce livre (le livre 2 de la *Philosophie des formes symboliques*) analyse la pensé primitive comme le point de départ de la pensée et non comme un monde étranger. La même exigence de primitivité se révèle dans le chapitre III d'*Être et temps* où la description phénoménologique de la « mondanéité » prend son départ de l'« outil » — de la chose entendue comme outil, sur le modèle de *pragma* qui veut bien dire chose mais dont l'étymologie renvoie à *praxis* et à *prattein*, l'agir.

La clef du kantisme est dans les deux perspectives l'imagination (transcendantale). L'entreprise cassirérienne a toutefois une visée intellectuelle beaucoup plus savante car, au lieu de disqualifier la science comme éclaircissement du monde, elle garde le contact avec les percées les plus récentes de l'image scientifique du monde.

IV – La philosophie critique du langage de Humboldt

Le premier fondateur d'une philosophie critique du langage, Wilhelm von Humboldt, part du concept de « forme linguistique interne » et toutes ses considérations convergent sans cesse vers ce concept de forme en tant que centre proprement dit du système. Plus tard, ce concept de forme de Humboldt sera récusé parce que jugé métaphysique. Les concepts de la linguistique paraissent ne devoir trouver une fondation objective qu'en se ralliant de la manière la plus étroite possible à l'exemple des concepts relatifs à la nature. Dans son ouvrage, *Die Darwinsche Theorie und die Sprachwissenschaft* (La théorie darwiniste et la linguistique) de 1873, August Schleicher, qui avait lui-même auparavant cherché à édifier une théorie métaphysique du langage sur des fondements hégéliens, a défendu l'idée selon laquelle désormais la suprématie de la science de la nature régnerait déjà également dans ce domaine. Aussi la science du langage devait-elle renoncer à toute situation particulière et adopter les concepts et méthode de la science de la nature pour les appliquer à sa matière particulière[1]. La matière à partir de laquelle se construit le langage est le phonème ; c'est donc à partir de lui et de lui seul que les lois fondatrices sont à découvrir. S'il n'existe pas de lois phonétique dont la rigueur et l'exactitude puissent se comparer à celles des lois universelles de la science de la nature, il n'y a pas d'espoir de connaître le langage d'une manière objectivement scientifique. C'est ainsi que l'« infaillibilité des lois phonétiques » fut élevée par l'école de la « Jeune Grammaire » au rang de postulat suprême de la science du langage[2]. En déclarant que ces lois s'appliquent avec « une nécessité naturelle aveugle », on croit arracher ainsi la linguistique au voisinage inquiétant des « sciences de l'esprit ». Cette conception est elle aussi aujourd'hui dépassée dans la sphère de la linguistique. Le discours humain est reconnu comme une « forme » originale, comme un

---

1. Pour plus de détails, sur la théorie de Schleicher, voir ma *Philosophie des formes symboliques*, t. I, p. 112 sq.
2. *Ibid.*, p. 119 sq.

ensemble qui ne se résume pas aux éléments du son. La *sémantique* retrouve ainsi son rôle central et se voit reconnaître, à côté de la physiologie phonétique, de la phonologie et de la phonétique, comme quelque chose d'autonome et de spécifique. Même la *psychologie* du langage a changé d'orientation depuis qu'elle a mis au centre de ses recherches le « vécu de la signification ». Elle a dû reconnaître de plus en plus que les intuitions et les méthodes de la vieille psychologie « mécaniste » achoppent déjà sur la simple description de cette expérience, qu'il y a là un phénomène qui ne peut être intégralement confondu avec les impressions sensibles particulières et les associations qui existent entre elles. Face au « plus néfaste détournement de substance », ainsi qu'il baptise cela, Karl Bühler se présente, dans la sphère de la psychologie moderne, comme le représentant de la « thèse de l'*idéalité* de l'objet langage ». Il considère que, dans cette perspective, une des premières tâches qui s'offrent à lui est « de révéler et de démasquer en tant que telle la méprise principielle commise par tous ceux qui suivent la théorie associationniste classique et confondent la trame des enchaînements linéaires ou complexes qu'on peut sans doute prouver à l'intérieur de notre vie de représentation avec l'*expérience vécue de la signification*[1]. »

Éloge de la métaphysique, Axel Hägerström, trad. fr. Jean Carro, Les éditions du Cerf, 1996, p. 153-154.

---

1. Karl Bühler, *Sprachtheorie. Die Darstellungsfunktion der Sprache* [Théorie du langage. La fonction de représentation du langage], Iéna, 1934, p. 58.

Cassirer écrit ces lignes en 1938, lontemps après la première publication (Berlin 1923) de sa *Philosophie des formes symboliques, 1. Le langage*, à laquelle il renvoie. Sa position à l'égard de Humboldt n'a pas changé : celui-ci est le « Kant de la linguistique ». « Ce que nous appelons l'essence et la *forme* d'une langue n'est [...] rien d'autre que cet élément permanent et uniforme dont nous pouvons déceler la présence, non dans une chose, mais bien dans le travail effectué par l'esprit pour réussir à faire du son articulé l'expression de la pensée » (*Op. cit.*, p. 104, à propos de l'*Introduction à l'œuvre sur le Kavi* de Humboldt). Selon la formule désormais classique, le langage n'est pas une œuvre (*ergon*) mais une activité (*energeia*). De même que pour Kant la spontanéité du *sujet transcendantal* s'exprime dans l'unité du jugement, la créativité du locuteur s'exprime chez Humboldt dans la *phrase*.

Cette subjectivité radicale de l'acte de langage ne doit pourtant pas nous dissimuler la présence substantielle de la *langue* dans l'esprit *objectif* : le locuteur découvre sa propre langue, lors du premier apprentissage, comme une forme sociale stable sur laquelle ses possibilités d'agir sont presque nulles. Et en considérant la diversité des langues, c'est la métaphore végétale qui vient à l'esprit : tronc commun, branches et rameaux. Le positivisme évolutionniste de Schleicher n'a donc rien d'absurde : les lois de la phonétique dont se réclame victorieusement le mouvement de la « *Junggrammatik* », la Jeune Grammaire, ont bien la nécessité des autres lois de la nature. L'objection fondamentale de Cassirer tient à la « métaphysique » de l'unité de la nature, au « monisme » des disciples de Darwin comme E.H. Haeckel (qui a été son vulgarisateur en Allemagne). L'esprit y perd toute initiative, toute responsabilité dans le monde humain. De ce point de vue, il est proche de W. Dilthey (*Introduction à l'étude des sciences humaines*, 1883). Bien que « sciences humaines » soit en effet l'équivalent en français de « Geisteswissenschaften », sciences *de l'esprit*, on ne peut négliger la connotation spirituelle de la tournure allemande. Le monde de l'esprit n'est pas naturel.

Cassirer ne fera la connaissance de Roman Jakobson, l'une des têtes pensantes, avec N.S. Troubetzkoy, du *Cercle linguistique de Prague* qu'en 1941, sur le navire qui les emmènera, à leurs risques et périls, de Göteborg à New York. Après ces contacts, il ne mêlera plus, face à la *sémantique*, comme il le fait dans ce texte, la physiologie phonétique, la phonologie et la phonétique. En effet, la phonétique étudie le langage dans sa matérialité sonore, « phonique », alors que la phonologie ne retient que les éléments phoniques porteurs de signification ; elle se range donc du côté des « sciences de l'esprit ». Mais pour K. Bühler, c'est un « Junggrammatiker » que Cassirer connaît depuis ses premiers travaux (*Krise der Psychologie*, 1927) : il prolonge la linguistique humboldtienne en développant la fonction « présentative » du langage. Il est marqué peu ou prou par la Phénoménologie et plus nettement par la « théorie de la forme » dans un sens « organiciste », comme Cassirer lui-même, ainsi qu'il le montre dans sa conférence du Cercle linguistique de New York, publiée (posthume) dans *Word* en août 1946, *Structuralism in Modern Linguistics*.

V – La théorie de la relativité d'Einstein

Ce qui semble compliquer la communication entre le physicien et le philosophe [...], c'est le fait qu'un problème commun se présente ici, mais que l'un et l'autre suivent cependant des approches dont les perspectives sont entièrement différentes. Le processus même de la mesure n'intéresse le spécialiste de la critique de la connaissance qu'en tant qu'il cherche à superviser le système complet des concepts qu'il utilise et à les définir aussi rigoureusement que possible. Or une telle définition demeure insuffisante et absolument stérile pour le physicien, tant qu'elle n'est pas associée en même temps à une indication déterminée concernant la manière de procéder à des mesures dans un cas concret singulier. « Le concept n'existe pour le physicien, comme dit Einstein de façon à la fois concise et caractéristique, que s'il a la possibilité de découvrir, dans le cas concret, si le concept est ou n'est pas exact[1] ». C'est pour cette raison, par exemple, que le concept de simultanéité ne doit recevoir une signification déterminée que dans le cas où l'on indique la méthode qui permet de déterminer à l'aide de certaines mesures, en employant des signaux optiques, la coïncidence de deux événements dans le temps ; et la différence qui se révèle à partir des résultats de cette mesure semble avoir nécessairement pour conséquence l'ambiguïté de ce même *concept*. Il faut absolument que le philosophe reconnaisse cette exigence, propre au physicien, de déterminer concrètement les concepts ; mais d'un autre côté, il est vrai qu'il fera continuellement remarquer qu'il y a des déterminations *idéales* ultimes sans lesquelles pas même le concret ne saurait être pensé ni rendu intelligible. Pour clarifier davantage l'opposition qui règne dans la façon de poser la question, et qui est ici fondamentale, on peut opposer à la remarque d'Einstein une affirmation de Leibniz. « On peut dire, comme l'écrit Leibniz dans les *Nouveaux essais sur l'entendement humain*, qu'il ne faut point s'imaginer deux étendues, l'une abstraite, de l'espace, l'autre concrète, du corps ; *le concret n'étant tel que par l'abstrait* [t. V, p. 115). Comme on le voit, c'est l'unité de l'abstrait et du

---

1. Voir Albert Einstein, *La théorie de la relativité restreinte et générale*, trad. Solovine, Paris, réed. Gauthier-Villars, 1979, chap. VIII, p. 25 (n.d.t.).

concret, de l'idéal et de l'empirique, à propos de laquelle les exigence du physicien et du philosophe s'accordent ; mais tandis que l'un va de l'expérience à l'idée, l'autre va de l'idée à l'expérience. La théorie de la relativité reste fermement attachée à « l'harmonie préétablie entre les mathématiques pures et la physique » : Minkowski a expressément repris et remis à l'honneur ce terme de Leibniz dans la conclusion de sa célèbre conférence intitulée *Raum und Zeit [Espace et temps]*. Or, pour le physicien, cette harmonie est la prémisse incontestable dont il s'efforce d'atteindre les conséquences et les applications particulières ; tandis que pour le spécialiste de la critique de la connaissance, c'est en réalité la « possibilité » même de celle-ci qui constitue le problème fondamental. En définitive, il découvre que les fondements de cette possibilité consistent dans le fait que chaque *position* physique, chaque détermination de grandeur, y compris même la plus simple, qui est établie à l'aide de l'expérience et de mesures concrètes, sont liées à des conditions générales qui parviennent à un traitement et à une connaissance séparés en mathématiques pures — autrement dit, que celles-ci incluent en elles des constantes logico-mathématiques déterminées. Si l'on voulait résumer l'ensemble de ces constantes en une brève formule, on pourrait désigner le concept de nombre, le concept d'espace, le concept de temps et celui de fonction comme les éléments fondamentaux qui entrent déjà en jeu sous forme de présupposé dans toutes les questions que la physique peut se poser.

La théorie de la relativité d'Einstein, trad. J. Seidengart, Œuvres XX, Les Éditions du Cerf, p. 100-102.

Ce texte publié en 1921 avait été lu et annoté par Einstein en personne qui n'était pas coutumier de ces attentions. La théorie de la relativité venait de connaître une confirmation expérimentale inespérée avec l'éclipse totale du soleil observée le 29 mars 1919 dans le nord du Brésil (présence sur la photo de corps célestes qui seraient dissimulés par le disque obscurci sans la courbure de l'espace due à la masse du soleil). Tous les néokantiens étaient jusqu'alors restés fidèles aux principes de la science newtonienne, et Cassirer lui-même jusqu'à *Substance et fonction* (1910) dont l'épistémologie est parfaitement classique. La rupture est donc d'importance. Le dialogue est souvent difficile entre physiciens et philosophes (Bergson n'a pas rencontré la même audience favorable que Cassirer auprès d'Einstein) qui s'interrogent bien sur les mêmes concepts, par exemple celui de *simultanéité*, mais pas dans la même intention. Dans l'idéal, rien de plus limpide que la définition de la simultanéité, dans le quotidien, rien de plus simple que de la percevoir, mais avec les changements d'échelle (rencontres d'électrons ou coïncidence d'événements célestes) tout devient problématique, car l'opération de mesurer entre en jeu dans l'objet mesuré, ou la position et le mouvement du mesureur doivent être pris en compte dans le résultat. Il ne suffit pas de s'en remettre à l'inévitable approximation de toute mesure, car le chercheur deviendrait aveugle à ce qui est précisément son objet.

En outre, les problèmes auxquels se heurte la recherche doivent être portés au plan rationnel. L'ancien professeur de mathématiques d'Einstein, Hermann Minkowski, lui avait fourni d'avance la formule de l'espace-temps à quatre dimensions : au lieu du théorème de Pythagore, $s^2 = x^2 + y^2 + z^2$, la formule qui intègre le temps t et la vitesse de la lumière c : $s^2 = x^2 + y^2 + z^2 - c^2t^2$. Si le problème a évidemment germé dans le sol de la physique expérimentale, l'énoncé mathématique n'est pas moins en « harmonie préétablie » avec les données empiriques, comme dirait l'auteur du « théorème des forces vives » au XVIIIe siècle. Leibniz a évidemment traité des problèmes différents de ceux de la physique relativiste ; toutefois, les difficultés qu'il a rencontrées avec sa propre conception de la raison sont bien du même type que celles de ses lointains héritiers du point de vue de la *théorie de la connaissance*, en particulier dans la découverte du calcul infinitésimal : rechercher la limite du rapport de deux infiniment petits est une entreprise tout simplement choquante pour la raison cartésienne. C'est au philosophe, donc à Leibniz lui-même puisqu'il est à la fois le philosophe et le physicien, de la « possibiliser », d'en démontrer la possibilité *a priori*, alors que le physicien en découvre l'exigence. Cassirer était un théoricien de la connaissance (le mot *épistémologue* n'en est pas l'équivalent exact) confirmé avant qu'il ne découvre la crise de la physique du début du XXe siècle mais le plus remarquable est qu'il le soit resté après cette rencontre qui a plongé bien des esprits dans la confusion.

VI - L'État de Hegel

Nous avons un poème de Hegel, écrit dans sa jeunesse, en 1796, qui constitue l'un des documents les plus importants et les plus intéressants de la biographie de Hegel. Dans ce poème intitulé Eleusis, il rappelle à son ami Hölderlin, à qui le poème est dédié, le pacte qu'ils avaient conclu au séminaire de Tübingen. Les deux amis s'étaient promis « de ne vivre que pour la libre vérité, de ne jamais conclure de paix avec la loi qui impose sa règle à la pensée et au sentiment. Hegel a-t-il plus tard, dans sa vie et sa philosophie, tenu sa promesse ? Est-il resté fidèle aux idéaux de sa jeunesse ou les a-t-il reniés ? S'est-il résolu à faire la paix avec les pouvoirs politiques existants et à devenir « le philosophe de l'État prussien » ? Je pense que, contre une telle charge qui a souvent été retenue contre lui, nous devons acquitter Hegel. Bien sûr, Hegel ne fut jamais un « radical » au sens politique de ce terme. Mais il fut un penseur très radical et il était incapable d'un quelconque compromis quant à ses principes philosophiques et politiques fondamentaux.

La doctrine hégélienne de l'État peut sembler en bien des aspects être paradoxale ou même contradictoire. Mais une unité réelle et une consistance interne ne lui font pas défaut. Si nous souhaitons trouver cette unité, nous ne devons pas nous laisser égarer par des théories ultérieures qui en appelèrent à l'autorité de Hegel et essayèrent d'interpréter le système hégélien de leur propre façon. Même durant le siècle qui suivit la mort de Hegel, sa philosophie de l'État n'a jamais cessé d'exercer une influence décisive sur le développement de nos idées politiques. Mais la nouvelle génération qui vint après Hegel ne comprenait plus son langage métaphysique. Tous ses concepts fondamentaux devaient être traduits en un idiome différent : dans le langage d'un naturalisme philosophique. Mais cela fit subir aux notions et aux termes de Hegel un changement complet de signification. En un sens hégélien, une théorie naturaliste de l'État est complètement inintelligible ; c'est une contradiction dans les termes. L'État n'appartient pas à l'ordre des choses naturelles. Il appartient à cet ordre qui, dans le langage de Hegel, est appelé le royaume de l'Esprit objectif.

La doctrine hégélienne du *Machtstaat* doit être comprise et interprétée en ce sens. Le terme même de « pouvoir » ne signifie jamais une simple force physique, mais une force spirituelle. Hegel déclare que le « *commonweal* » doit être la loi suprême et même la seule loi à laquelle l'État doive obéir dans toutes ses actions. Mais que signifie « *commonweal* » ? Dans un passage important de sa grande *Logique*, Hegel souligne que le simple accroissement de pouvoir physique n'est en aucune façon le critère et le vrai étalon de la santé de l'État. La santé de l'État dépend du maintien et de la promotion de sa forme interne, non pas de l'accroissement de sa force physique. Une extension du territoire d'un État peut affaiblir et dissoudre sa forme et peut ainsi devenir le début de sa ruine.

Quelques remarques sur la théorie hégélienne de l'État, in *L'Idée de l'histoire* — Les inédits de Yale et autres écrits d'exil. trad. F. Capeillères et I. Thomas, Les Éditions du Cerf, 1988, p. 148-149.

Dans cet exposé prononcé dans un séminaire de la *Graduate School* de l'université de Yale en 1942 (publication posthume), Cassirer expose la théorie hégélienne de l'État, sujet certes classique d'histoire de la philosophie allemande qui, pourtant, dans ce contexte, pose des problèmes très particuliers.

Il part du reste d'un problème très subjectif, intime même, de la pensée de Hegel : celui-ci n'a-t-il jamais vécu et écrit que pour la vérité ? ou s'est-il laissé à la longue corrompre par la lassitude, l'intérêt, les honneurs ?... Hegel aurait sans nul doute récusé ce dilemme : la liberté de la pensée n'est pas l'exercice juvénile de l'irresponsabilité — faut-il pour penser librement s'écarter de ce qui est publiquement reconnu[1] ? Penser la réalité telle qu'elle est, dans le domaine politique comme dans les autres, n'est nullement conformisme ou servilité.

Voir dans Hegel le philosophe de la Restauration, plus précisément le philosophe de l'État prussien, est une idée vulgaire qui ne peut effleurer la pensée d'un intellectuel cultivé comme Cassirer. En revanche, il n'est pas absurde de la supposer présente dans l'esprit de certains participants du séminaire. Plus gravement, Cassirer est conscient du préjugé latent qui hante son public américain : la philosophie allemande, y compris la philosophie universitaire, n'est pas innocente de l'aboutissement barbare de la pensée politique allemande. Cassirer lui-même ne dit-il pas qu'il ne reconnaît plus ses compatriotes, transformés en bêtes comme les compagnons d'Ulysse par Circè la magicienne[2] ? Pourtant son patriotisme allemand, essentiellement son attachement à la langue et à la culture allemande, résiste à cette globalisation : cette perversion n'est pas l'aboutissement de l'histoire de cette grande culture européenne.

Lire dans l'œuvre de Hegel l'apologie de la puissance de l'État, parler de *Machtstaat*, terme qui n'est pas hégélien, c'est parler comme les adversaires de Hegel, ou comme ceux de ses disciples qui veulent le tirer à d'autres fins que les siennes, par exemple à un machiavelisme au service de la volonté de puissance de certains États. Naturellement, cette vision de sa doctrine n'est pas rare dans

---

1. *Philosophie du Droit, Préface.* Trad. R. Derathé, Vrin, 1989, p. 47-48.
2. *The Myth of the State*, Yale Univ. Press, 5ᵉ éd. 1963, p. 286.

l'Allemagne qu'a fuie Cassirer. Du reste, il est vrai que par certains côtés l'hégélianisme prête le flanc à cette mésinterprétation. L'empire germanique comme quatrième figure de l'Esprit universel peut faire penser, par consonance, au « Troisième Reich » hitlérien. Mais ce troisième empire-là succède à celui du roi de Prusse Guillaume II proclamé empereur à Versailles en 1871, alors que le quatrième empire hégélien est celui de Charlemagne qui a succédé à l'empire romain et dure théoriquement jusqu'en 1806. Ce n'est d'ailleurs pas dans le « Saint Empire » que Hegel reconnaît le « principe d'unité de la nature divine et de la nature humaine » mais dans la chrétienté occidentale prolongée par la Réforme qui a produit la multiplicité des États.

L'État, l'État prussien comme les autres, est « absolu », c'est-à-dire que c'est lui qui fait les lois, lui qui les fait appliquer, et que les décisions qu'il prend sont sans appel. Montesquieu lui-même n'aurait rien a objecter à ces définitions[1], qui n'ont rien d'écrasant pour les citoyens ni de menaçant pour les étrangers. Comme dans la cité d'Aristote, le *bien commun*, le *commonweal*, est la loi suprême de l'État. L'allusion à la politique expansioniste qui n'est pas signe de santé pour l'État peut évoquer la situation politico-militaire en Europe contemporaine de cet exposé que Cassirer fait en anglais devant un public généralement anglophone. Quant à l'allusion à un passage de la *Logique*, elle est trop vague pour permettre de l'identifier.

Il est clair que Cassirer ne songe nullement à convertir ses auditeurs à la doctrine hégélienne. Ce qui le sépare de Hegel est bien connu : il n'y a pas d'autre Esprit que les esprits individuels ; il n'y a pas de Providence, de Raison dans l'Histoire ; la philosophie et la religion sont deux domaines entièrement distincts, etc. Ces différences suffisent pour dissiper tout soupçon d'hégélianisme ; mais Hegel est un penseur classique avec lequel le dialogue est ouvert (ce n'est pas le cas, par exemple, pour Nietzsche). C'est à ce dialogue qu'il invite les participants de son séminaire.

---

1. *Philosophie du Droit*, § 273.

VII – Descartes a-t-il converti Christine de Suède au catholicisme ?

Si nous jetons un coup d'œil sur l'ensemble des considérations exposées jusqu'ici, nous embrassons, me semble-t-il, un tableau plus clair, plus satisfaisant en même temps, de l'évolution religieuse de Christine et du rôle qu'y a joué Descartes. Dans la relation personnelle que Christine a donnée de cette évolution se trouve un passage où elle dit que, non satisfaite de l'enseignement luthérien dans lequel elle avait été élevée, elle s'était créé une religion à elle : « Quand je me trouvai un peu agrandie, je me formai une espèce de Religion à ma mode[1] ». Il faut entendre ce propos « cum grano salis », et l'on ne saurait le prendre en un sens strictement littéral. Christine était consciente de sa valeur et sûre d'elle-même ; mais son indépendance n'était pas de telle sorte qu'elle eût mis sur pied une nouvelle doctrine philosophique, ou « créé » une nouvelle religion. Elle ne pensait pas contre son époque, mais dans son époque ; et son appétit de savoir était si varié qu'il n'était fermé à presque aucune incitation du temps. « J'avois un désir insatiable de tout savoir, j'étois capable de tout ; j'entendois tout sans peine », écrit-elle d'elle-même dans son esquisse autobiographique. Aussi pouvons-nous prendre le cours de son développement comme un miroir où, l'une après l'autre, apparaissent les images des mouvements spirituels qui dominent le XVIIe siècle. Son esprit est comme un instrument très sensible qui décèle, autour de lui, les moindres oscillations de l'atmosphère et enregistre tous les ébranlements. Le mouvement général de la pensée philosophique au XVIIe siècle, les tendances morales et religieuses, les idées et les modèles esthétiques, la nouvelle direction où s'engagent les études scientifiques et humanistes ont indéniablement agi sur Christine. Dans un tissu au dessin si complexe, le cartésianisme ne représente qu'un fil, et qui peut être discerné seulement par une soigneuse analyse. Semblable analyse révèle que l'enseignement de Descartes, en dépit de sa brève durée, a laissé en Christine des traces profondes, jusque dans sa vieillesse. Mais elle

---

1. G. Rodis-Lewis, *Descartes. Biographie.* Calmann-Lévy, 1995, p. 284.

révèle, en même temps, que l'influence de Descartes sur ses idées religieuses a été tout à fait indirecte. Les indices extérieurs que nous possédons, touchant la conversion de Christine au catholicisme, ne contredisent pas non plus cette conception. Car, d'une part, ils nous apprennent qu'elle n'a fait la démarche dernière et décisive que plusieurs années après la mort de Descartes, et indépendamment de son action personnelle. D'autre part, son témoignage ultérieur sur la contribution de Descartes à son changement de religion ne signifie nullement ce que souvent on a voulu y lire. D'une tentative de conversion par Descartes, en effet, il n'est point question ; on y lit seulement que Descartes a « beaucoup contribué » à sa conversion et que c'est à lui qu'elle devait « les premières lumières ». Plus tard, dans des conversations privées, la reine s'est exprimée plis clairement et de manière encore moins ambiguë. Elle a dit simplement que l'enseignement philosophique de Descartes avait déblayé beaucoup des difficultés qui, jusque-là, l'avaient empêchée d'adopter la religion catholique.

Descartes, Corneille, Christine de Suède,
trad. M. Francès et P. Schrecker, Vrin, 1942, p. 63-64.

Lorsqu'il écrit les essais dont ces pages sont tirées, Cassirer est professeur à l'université de Göteborg. Il est publié en France avec retard en 1942 ; l'auteur est déjà aux États-Unis, s'étant embarqué à Göteborg le 20 mais 1941. Il y traite d'une question disputée : Descartes a-t-il joué un rôle dans la conversion de la reine Christine de Suède, luthérienne, au catholicisme ? Et la thèse qu'il soutient, une réponse positive, paraît presque indéfendable.

Descartes n'a passé que 4 mois à Stockholm, rencontrant la reine deux ou trois fois par semaine (avec une interruption de quinze jours), rendez-vous pris à 5 heures du matin à la bibliothèque. Descartes meurt le 11 février 1650, à 53 ans. Christine a 23 ans, elle s'est convertie en 1654, après avoir abdiqué en faveur de son cousin Charles Gustave. Elle parcourt longuement l'Europe, et se fixe à Rome où elle meurt (1689).

Nul ne songerait à faire intervenir l'influence de Descartes si Christine elle-même ne l'avait évoquée. « Dans une conversation à Rome en 1677 avec le père Poisson, elle atteste aussi l'influence qu'aurait eue Descartes dans sa conversion au catholicisme en 1654. Son historien du XVIIIe siècle, Arckenholtz taxe ici Baillet d'exagération, quand il prétend que c'était à Descartes et à Chanut qu'était due [...] la conversion qui se manifeste quelques années après la mort du premier[1] ». Il est particulièrement intéressant de voir comment Cassirer se tire de cette passe difficile.

On sait que Descartes est depuis longtemps en relations épistolaires avec une autre princesse, Elisabeth de Bohème, calviniste (et qui ne s'est nullement convertie), à qui il a dédié *Les principes de la philosophie* (1644), traduits en français par l'abbé Picot en 1647 : c'est dans cette traduction que Christine, qui pourtant sait le latin, a lu l'ouvrage. Il n'est pas exclu qu'une sourde rivalité oppose les deux princesses. Toutes les deux ont le même intérêt pour la sagesse stoïcienne. La première question posée par Christine à Descartes, par lettre, question reformulée par Hector Chanut, résident, puis ambassadeur à Stockholm, chez qui va habiter Descartes, était : « Quel est le pire dérèglement de l'amour ou de la haîne ? »

Pour la reine de Suède, le philosophe va écrire un dialogue, *Recherche de la vérité par la lumière naturelle*, dont la composition sera interrompue par la mort. « J'entends par *res cogitans...* » sont les derniers mots qu'il ait écrits. Il avait refusé de danser dans le ballet *Diane victorieuse de l'Amour*, célébrant la victoire des Suédois en Allemagne, mais il est presque certain qu'il est l'auteur des vers français destinés à ce ballet : *La naissance de la Paix*.

Descartes passe pour un catholique pratiquant. Cette pratique, toutefois, n'a guère d'échos dans sa philosophie, où l'existence de Dieu, certes, est plusieurs fois démontrée mais sans la moindre allusion au Dieu incarné caractéristique du christianisme. Il écrit aussi bien pour les Turcs, pense Burman. En somme, « stoïcisme chrétien » est une appellation qui ne conviendrait pas mal à la constellation culturelle dans laquelle il se trouve engagé.

Il ne s'agirait pas, pense Cassirer, d'une influence personnelle directe du maître de philosophie de la reine mais du vaste tissu de la culture spirituelle du XVIIe siècle qui enveloppe Christine depuis l'enfance, lorsqu'elle déclamait les vers de Corneille. (elle parlait le

---

1. Dans ce même ouvrage, p. 103.

français comme une langue maternelle). Elle a, dans ses dernières années, noté ses réflexion sous le titre de « Sentiments héroïques », non sans la touche théâtrale qui convient à cette époque « baroque ». Lorsqu'elle fait tuer sous ses yeux, à Fontainebleau, son amant Monaldeschi, il faut lire dans cette barbarie le drame cornélien qui s'y cache : elle est accusatrice et juge, et elle commande l'exécution[1]... « Je le ferais encore si j'avais à le faire » — ce vers figure à la fois dans *Le Cid* et dans *Polyeucte*.

Les mots *vertu, gloire, honneur, devoir, grandeur, mérite* reviennent constamment dans *Les sentiments héroïques*. Certes, ce n'est pas là la liste des vertus chrétiennes, encore moins le condensé des canons du concile de Trente. Et pourtant, sans aucunement prendre position contre le monde de la Réforme, Cassirer a parfaitement perçu l'originalité et l'unité de la Renaissance qu'on peut dire « catholique » parce qu'elle n'a pas rompu avec Rome, dont il décrit la naissance spirituelle dans *Individu et Cosmos*[2] et qui atteint son sommet avec Corneille et Descartes. Oui, en ce sens, Christine a bien été convertie au catholicisme par Descartes.

---

1. Le nom de l'amant est *Monaldesco* sous la plume de Cassirer. *Ibid.*, p. 113.
2. *Individu et cosmos dans la philosophie de la Renaissance*, trad. P. Quillet, Éditions de Minuit, 1987.

VIII – Gœthe et la philosophie kantienne

Il est clair [...] que ce n'est pas la physique qui pouvait rapprocher Gœthe de Kant, et qu'il ne pouvait trouver chez le Kant logicien, critique de la raison pure, ses idées fondamentales. Nous savons qu'au contraire de Herder Gœthe eut une grande admiration pour le chef-d'œuvre de Kant. Il ne manqua pas de consentir un réel effort pour le comprendre, et son exemplaire de la *Critique de la raison pure*, qui est conservé à Weimar, montre de quelle manière approfondie il étudia cet ouvrage. Mais, d'une manière générale, l'œuvre n'eut jamais pour lui l'importance qu'elle eut pour Schiller. Elle avait son origine dans une autre façon de penser — et elle se trouvait en dehors du cours ordinaire de sa vie et de ses préoccupations intellectuelles. Il en avait pleinement conscience. « C'était l'entrée que j'appréciais, écrivit-il. Je n'ai jamais eu le courage d'avancer dans le labyrinthe lui-même ; mes dons poétiques ou mon bon sens eurent tôt fait de m'arrêter, et je n'ai jamais eu le sentiment d'en tirer beaucoup de profit[1]. »

Est-ce seulement par l'effet d'un compromis que Gœthe, finalement, a reconnu les mérites de la philosophie kantienne — est-ce son amitié avec Schiller qui l'a contraint à ce compromis ? Les historiens de la littérature ont longtemps défendu cette position et, aujourd'hui encore, il semble que ce soit l'opinion dominante. Mais cette conception est intenable. Ce n'est pas Schiller qui a révélé Kant à Gœthe. Bien avant son association intime avec Schiller il avait trouvé un accès original à Kant. Nous en avons une preuve certaine sous la forme d'une lettre de Kœrner à Schiller, en date de 1790, et relatant une visite de Gœthe à Dresde : « Gœthe a séjourné ici une semaine et j'ai passé assez longtemps en sa compagnie. Je suis parvenu à entrer davantage dans son intimité et il a été plus bavard que je ne le pensais. Vous ne devinerez jamais quels ont été les sujets qui ont permis ce rapprochement. Où aurions-nous pu les trouver ailleurs que chez Kant ? Il a trouvé dans la *Critique de la faculté de juger* de quoi alimenter sa

---

1. « Einwirkung der neueren Philosophie », *Naturwissenschaftliche Schriften* (éd. de Weimar), II, Bd XI, p. 49.

propre réflexion[1]. » De fait, c'est la *Critique de la faculté de juger* qui a fourni à Gœthe la clé lui permettant de comprendre la philosophie kantienne. Et ce fut plus qu'une philosophie — plus que des idées purement théoriques — qu'il découvrit ainsi. Il a lui-même donné une description claire et précise de ses premières impressions dans son petit essai sur l'influence de la philosophie moderne : « Mais je suis tombé sur la *Critique de la faculté de juger* et je dois à ce livre une des périodes les plus heureuses de ma vie. J'ai vu alors mes intérêts les plus opposés se réunir et s'associer, la production artistique traitée de la même façon que la production naturelle, le jugement esthétique et le jugement téléologique s'éclairant mutuellement.

Si ma façon de penser n'était pas toujours en mesure de s'accorder avec celle de l'auteur, si j'avais le sentiment ici ou là d'une lacune, les grandes idées de l'œuvre étaient tout à fait analogues à ma création, à mon action et à ma façon de penser antérieures. La vie intérieure de l'art comme celle de la nature, leur commune façon d'aller de l'intérieur vers l'extérieur trouvaient dans ce livre une expression lumineuse. On y affirmait que les productions de ces deux mondes infinis existaient pour elles-mêmes et que des choses qui sont l'une à côté de l'autre existent assurément l'une pour l'autre sans qu'il soit possible d'y voir une intention délibérée[2]. »

Ces derniers mots nous révèlent le lien véritable qui unit Gœthe et Kant. La seconde partie de la *Critique de la faculté de juger* porte comme titre « Critique du jugement téléologique ». Là encore Kant veut tracer une ligne de démarcation très claire. Il ne souhaite nullement exclure la considération de la fin dans l'étude des phénomènes naturels. Il déclare même qu'une description purement mécaniste des processus vivants est impossible.

Rousseau, Kant, Gœthe, Deux essais, traduit et présenté par Jean Lacoste, Éditions Belin, 1991, p. 97-99.

---

1. 6 octobre 1790.
2. *Op. cit.*, p. 50 sq.

Il y a une affinité évidente entre le sublime schillerien — dès 1782, le théâtre de Mannheim donne *Les brigands* avec un succès prodigieux — et la doctrine kantienne du sublime, alors que la *Critique du jugement de goût* (titre plus exact que *Critique de la faculté de juger*) n'a été publiée pour la première fois qu'en 1790. Cette affinité morale représente une rencontre du philosophe et du poète dans l'esprit du temps. Puis Schiller a lu la troisième *Critique* (après la *Critique de la raison pure* et la *Critique de la raison pratique*, celle qui correspond à ce que nous appelons « Esthétique ») peu après sa parution, alors qu'il était cloué au lit par la maladie chez son ami et protecteur Kœrner, à Gohlis, près de Leipzig. Il y avait composé en 1785 l'*Hymne de Gohlis* (bien plus connu, il faut l'avouer, sous le titre d'*Hymne à la Joie* depuis que Beethoven a composé le *final* de la *Neuvième Symphonie...*). En 1795, quand commence sa correspondance avec Gœthe, il jouit toujours de l'hospitalité et de l'amitié indéfectible de Kœrner à Loschwitz, près de Dresde. Il serait normal de penser que Gœthe a découvert l'importance de la philosophie kantienne à travers l'amitié de Schiller (de dix ans son cadet), mais non : la lecture de Kant avait déjà nourri la réflexion de Gœthe avant leur rencontre, Kœrner le confirme.

Pourquoi cette conclusion est-elle d'une telle importance pour Cassirer ? Qu'importe que Gœthe ait été mis en contact avec le kantisme par telle ou telle voie ? La raison en est que l'œuvre de Gœthe est au cœur de la culture allemande, surtout de la culture universitaire de la grande époque ; elle y est l'objet d'une sorte de culte — il n'est pas exagéré de le dire. Cassirer n'a pu manquer d'apporter sa contribution personnelle à la traditionnelle *Gœtheforschung* par des recherches particulières sur l'œuvre inépuisable du poète, à laquelle sont consacrées les pages les plus riches de *Liberté et forme* (1916), d'*Idée et forme* (1921) et d'« *Esprit* » *et* « *vie* » *dans la philosophie contemporaine* (1930). Cette forme de patriotisme culturel a pu même parfois faire sourire en Amérique, par exemple à travers le surnom qui lui était affectueusement attribué à Yale : *l'Olympien*.

Or la formation philosophique de Gœthe est nettement « pré-critique », bien plus proche du spinozisme que de la philosophie transcendantale. Cependant, si Spinoza ne fait aucune concession au finalisme, à l'explication de la nature par les causes finales (à la *téléologie*), il n'en tient pas moins la nature pour seule créatrice. Et si Kant est dans le domaine du savoir strictement newtonien, il sait aussi que le simple mécanisme ne peut donner aucun principe d'explication pour la production d'êtres organisés (*Critique du jugement*, § 71). Or, les recherches naturalistes de Gœthe s'appuient bien sur le jugement *téléologique* (cherchant à comprendre par les fins) comme principe *heuristique* (de découverte), par exemple ses descriptions du squelette humain impliquant une esquisse d'évolutionisme (la boîte cranienne est le fruit d'une transformation des vertèbres ; cf. également l'affaire de l'*os intermaxillaire*), et surtout il est conforté par la troisième Critique kantienne dans la pensée que la nature, déjà, est créatrice, mais que surtout la création artistique naturelle se prolonge dans le génie créateur de l'artiste : « Le génie est la disposition innée de l'âme par laquelle la nature donne les règles à l'art ». Gœthe ne cesse pas d'être un poète dans ses travaux de science naturelle, dont certains, poursuivis dans l'esprit de cette intuition créatrice, ont abouti à d'importantes découvertes.

« Il n'y a pas de plus sûr moyen de s'évader du monde que l'art, et il n'y a pas de plus sûr moyen de s'y attacher que l'art », selon le mot paradoxal de Gœthe, cité par Cassirer dans « *Esprit* » *et* « *Vie* » *dans la philosophie contemporaine* (article paru en 1930 dans *Die Neue Rundschau*, Berlin). Gœthe a surtout tenté de s'évader du monde, Cassirer a surtout tenté de s'y attacher, le commun dénominateur est l'art. À travers les mailles de cette étude scrupuleusement historique, nous apercevons le bonheur d'une rencontre dans la création des formes. Si Cassirer a pu craindre d'être séparé de son illustre modèle par la philosophie kantienne, dont l'aridité peut paraître incompatible avec la poésie, il est maintenant rassuré : Gœthe avait découvert de lui-même un accès à la philosophie transcendantale à travers la Troisième Critique (le beau, le sublime, la finalité), et reconnu sa propre méthode dans celle de Kant. La paix règne sur l'Olympe cassirérien.

Textes commentés 55

IX – *Une invention moderne :*
la technique du mythe

On a toujours décrit le mythe comme résultat d'une activité inconsciente et libre produit de l'imagination. Mais ici nous trouvons un mythe qui répond à un plan. Les nouveaux mythes politiques ne naissent pas librement ; ils ne sont point les fruits sauvages d'une imagination exubérante. Ce sont des choses artificielles fabriquées par des artisans habiles et rusés. Il a été réservé au XXe siècle, notre grand siècle technique, de développer une nouvelle technique du mythe. Désormais, les mythes peuvent être manufacturés au sens et selon les mêmes méthodes où le sont n'importe quelles autres armes — mitrailleuses ou avions. C'est quelque chose de nouveau — quelque chose d'une importance cruciale. La forme entière de notre vie sociale en a été transformée. C'est en 1933 que le monde politique commença à déplorer plus ou moins le réarmement de l'Allemagne et ses possibles répercussions internationales. En réalité, ce réarmement avait commencé bien des années plus tôt mais il était passé presque inaperçu. Ce réarmement réel a commencé avec la naissance et la montée des mythes politiques. Le réarmement militaire ultérieur n'en a été que la conséquence accessoire. Ce fait était un fait accompli bien avant ; le réarmement militaire ne fut que la conséquence nécessaire du réarmement mental réalisé par les mythes politiques.
   Le premier pas à franchir était de changer la fonction du langage. En étudiant le développement du langage humain, nous trouvons que, dans l'histoire de la civilisation, les mots remplissent deux fonctions entièrement différentes. Pour le dire en bref, nous pouvons appeler ces fonctions l'usage sémantique et l'usage magique de la parole. Même dans les langages qu'on appelle primitifs, la fonction sémantique de la parole n'est jamais absente ; sans elle, il ne pourait y avoir de langage humain. Mais dans les sociétés primitives, la parole magique a une influence prépondérante et écrasante. Elle ne décrit pas les choses ou les relations entre les choses ; elle essaie de produire des effets et de changer le cours de la nature, ce qui ne peut être fait sans l'art très élaboré d'un magicien. Le magicien

ou sorcier est seul capable de gouverner la parole magique. Mais elle devient dans ses mains la plus puissante des armes. Rien ne résiste à sa force. « Carmina vel cœlo possunt deducere lunam », dit Médée la sorcière, dans les *Métamorphoses* d'Ovide — par des chants magiques et des incantations même la lune peut être décrochée des cieux.

Il est assez curieux que tout cela réapparaisse dans notre monde moderne. En étudiant nos mythe politiques modernes et l'usage qui en a été fait, nous y découvrons à notre grande surprise, non seulement une transvaluation de toutes nos valeurs éthiques mais aussi une transformation du langage humain. La parole magique prend le pas sur la parole sémantique. De nos jours, s'il m'arrive de lire un livre allemand publié dans les dix dernières années, non un livre de politique, mais un ouvrage théorique, traitant de problèmes philosophiques, historiques ou économiques — je découvre à ma grande stupeur que je ne comprends plus l'allemand. Des mots nouveaux ont été forgés ; et même les anciens sont utilisés dans un sens nouveau. Ce changement de signification dépend du fait que ces mots, qui étaient employés jadis en un sens descriptif, logique ou sémantique, sont maintenant utilisés comme des paroles magiques, destinées à produire un certains effets et à déclencher certains sentiments. Nos paroles ordinaires ont changé de signification ; mais ces mots à la nouvelle mode sont chargés de sentiments et de passions violents.

Il n'y a pas si longtemps fut publié un très intéressant petit livre *Nazi-Deutsch. A Glossary of Contemporary German Usage*. Ses auteurs sont Heinz Paechter, Bertha Hellman, Hedwig Paechter et Karl O. Paetel. Dans cet ouvrage étaient soigneusement enregistrés les termes nouveaux produits par le régime nazi, et c'est une liste terrifiante. Il semble que peu de mots aient survécu à la destruction générale. Les auteurs essayaient de traduire en anglais les nouveaux termes mais, à cet égard, ce ne était pas un succès, à mon avis. Ils n'étaient capables de donner que des circonlocutions pour exprimer les mots et les phrases allemandes au lieu de véritables traductions. Car malheureusement, ou heureusement peut-être, il était impossible de rendre adéquatement ces mots en anglais. Ce qui les caractérise n'est pas tant leur contenu et leur signification objective que l'atmosphère où ils baignent. Cette atmosphère doit être sentie ; elle ne peut être traduite ni transposée d'un climat de l'opinion dans un autre entièrement différent. Pour illustrer ce point, je me contente d'un exemple frappant choisi au hasard. Par ce glossaire, je comprends que dans l'usage allemand récent il y a une différence très tranchée entre les deux termes *Siegfriede* et *Siegerfriede*. Même pour une oreille allemande, il n'est pas facile de saisir la différence. Les deux mots ont exactement la même sonorité et paraissent désigner la même chose. *Sieg* veut dire victoire et *Fried* veut dire paix ; comment la combinaison de ces deux mots peut-elle produire des significations enièrement différentes ? Néanmoins, nous avons appris que dans l'usage de l'allemand moderne, ces deux mots diffèrent du tout au tout. Car *Siegfriede* est une paix gagnée par la victoire de l'Allemagne, tandis que pour *Siegerfriede* c'est tout le contraire ; on s'en sert pour désigner une paix qui serait dictée par les conquérants alliés. Il en va de même pour d'autres termes. Les hommes qui ont forgé ces termes étaient des maîtres dans l'art de la propagande politique. Ils ont atteint leur but qui était d'atiser de violentes passions politiques, par les moyens les plus simples. Un mot, voire le changement d'une syllabe dans un mot, était souvent suffisant pour servir leurs projets. En entendant ces mots nouveaux, nous y sentons toute la gamme des sentiments humains — la haîne, la colère, la fureur, la morgue, le mépris, l'arrogance et le dédain.

The Myth of the State, Yale Univ. Press, 1946,
5e éd. 1963, trad. orig., p. 282-284.

Cassirer est mort le 13 avril 1945 à New York, juste après la remise du manuscrit de cet ouvrage à l'éditeur et avant sa publication ; il n'a pas eu le temps d'en relire la 3e partie. Le livre est donc, sous cette réserve, « posthume ». S'agit-il d'un ouvrage « engagé » ? Certainement pas au sens de la « philosophie de l'engagement » popularisée par l'existentialisme (« Aucun penseur ne peut donner plus que la vérité de sa propre existence » Heidegger). Au contraire, Cassirer défend ici la cause de l'humanisme tant décrié. Toutefois, dans cette période de guerre, qui peut ignorer l'urgence de prendre position et de le faire savoir ? C'est pourquoi il a accepté, expérience toute nouvelle pour lui, sa publication partielle dans *Fortune*, périodique à grand tirage. Engagement, donc, à coup sûr, car l'auteur sait parfaitement qui sont ses adversaires, mais engagement en faveur de l'*universel*.

Depuis la publication de *La pensée mythique* (1924) il est un spécialiste reconnu du mythe, plus connu, du reste, en Amérique, par la synthèse de sa pensée donnée dans *An Essay on Man* qu'il vient de faire paraître à Yale. Il a traité jusqu'alors du mythe au sens où l'entend la mythologie classique ou l'ethnologie, par exemple les études de Bronislaw Malinowski sur la culture des îles Trobriand. Il reste l'usage contemporain de parler de « mythes » pour désigner des erreurs trop communes ou des idéologies par trop irrationnelles. Et surtout le mythe revendiqué sous ce nom pour un usage politique comme *Le mythe du XXe siècle* d'Alfred Rosenberg. Toutefois, Cassirer ne cite pas ce boutefeu du pangermanisme qui a été l'un des livres fondateurs de l'hitlérisme[1]. La pensée mythique dont il parle est celle qui a pris possession de l'esprit public en Allemagne dans l'après-guerre de 1918 et qui a largement précédé, et conditionné, le réarmement et les entreprises politico-militaires qui ont mis l'Europe en flammes ainsi qu'une bonne partie du monde.

Il ne s'en tient évidemment pas aux conséquences de ce mouvement sur la *langue* allemande. Si le passage cité présente un intérêt particulier, c'est parce que le plus profond « enracinement » (comme on ne disait pas alors) de l'auteur se situe dans le sol de la langue et

---

1. Il n'en donne pas moins ce même titre, *The Myth of the Twentieth Century*, sans autre commentaire, à la Troisième Partie de son livre, *The Myth of the State*.

de la culture allemande. C'est son attache patriotique la plus sensible. Si l'illustration qu'il donne de l'adultération de la langue n'est sans doute pas la plus caractéristique, *Siegerfriede* dans le parage du classique *Siegfriede*, il est bien probable que le cauchemar d'une paix imposée par les vainqueurs, sorte de réédition du *Diktat de Versailles*, commence à hanter les militants les mieux endoctrinés. Cassirer touche là un point sensible.

Mais il ne tient nullement à s'enfermer dans une tâche de propagandiste. Il en vient dans la suite à deux auteurs dont il pense qu'il n'ont pas de rapport direct avec le nazisme, Spengler (mort en 1936) et Heidegger. L'un énonce les décrets de la Destinée : notre civilisation est moribonde, rien n'y fera — mais les masses survivantes pourront se donner à d'autres valeurs, par exemple la technique (Ernst Jünger : *Le Travailleur*) ; c'est un démobilisateur des combattants de l'*Humanisme*, fossoyeur de la morale et de la raison, de même que Heidegger, penseur de la *Geworfenheit*, de l'« être-jeté » de l'homme (du *Dasein*), pour qui il n'existe aucune vérité universelle.

En face du mythe, la philosophie est impuissante — impuissante à le détruire, mais non à le percer à jour. Cassirer jette dans la bataille sa clairvoyance.

Vocabulaire

A priori

Locution adverbiale latine signifiant « d'avance » (Ant. « *a posteriori* »). Dans l'usage philosophique, qui vient de Leibniz et a été généralisé par Kant, *a priori* veut dire *antérieur à toute expérience*. Par exemple, « l'arithmétique est une science *a priori* ». Elle n'est pas abstraite de l'expérience, elle n'a nul besoin de ses confirmations. C'est en ce sens que cette locution est reprise par Cassirer. Ce qui caractérise l'attitude de Kant et des kantiens vis-à-vis des mathématiques, ce n'est pas de reconnaître leur *apriorité*, qui est rarement contestée, mais d'apercevoir leur caractère *synthétique* (la série des nombres n'est pas déduite mais construite, etc.). Pour parvenir au *transcendantal*, la réflexion doit reculer d'un pas de plus pour découvrir les *conditions nécessaires a priori de toute connaissance possible* (catégories, principes, etc.).

La doctrine cassirérienne n'est pas reprise à l'identique de celle de Kant qui est un commencement et non une fin. Il est d'accord sur deux points : 1. l'*a priori* est immanent à la conscience ; 2. toute nécessité est fondée dans l'*a priori*.

Pour le reste, il faut distinguer deux époques : la première, celle de *Substance et fonction* (1910), où il généralise la nécessité mathématique ; la seconde, celle de *La Philosophie des formes symboliques* (à partir de 1923), où il élabore une théorie universelle de la signification (*Bedeutung*) tendant à une théorie *a priori* des *signes*. Les formes pures de la pensée sont naturellement les mêmes dans les mathématiques, les sciences de la nature et les sciences « de l'esprit » (les sciences humaines), sauf pour les catégories de la *modalité* (possibilité, réalité, nécessité...). Les données empiriques des diverses langues sont à comprendre *a priori* par leur fonction sémantiques ; pour le contenu poétique ou insolite des mythes, il est exclu *a priori* qu'il n'ait pas de sens dans les cultures concernés ; pour les aspects historiques concrets de l'histoire des sciences, ils sont *a priori* à rapporter à leur finalité gnoséologique. Il y a assurément bien des erreurs dans la pensée humaine mais *a priori* tout y a un sens, même les erreurs.

Mythe

Le mythe est un conte, une fable qui fait partie de l'imaginaire collectif d'une société, par exemple, « Cronos dévorant ses enfants » est un conte de la mythologie grecque classique. Dans l'œuvre de Platon, les mythes sont des histoires, empruntées à la mythologie ou inventées par Platon lui-même, qui interrompent le dialogue philosophique dans sa rigueur, généralement lorsqu'il est tombé dans l'embarras (*aporie*), afin de conduire la recherche intellectuelle par cette voie imaginative détournée jusqu'aux approches de la vérité, sans pour autant faire preuve. Par exemple, le mythe des Fils de la Terre dans *Le Politique 270d sq*. À travers l'idéalisme platonicien, le mythe possède un statut philosophique : il est la « langue » qui permet d'exprimer le monde du devenir.

Grâce à l'ethnologie, à la connaissance des peuples « primitifs » (en allemand on disait les *Naturvölker*, les « peuples de la nature »), nous disposons d'une documentation mythologique considérable ; Cassirer cite l'œuvre de Konrad Preuss, consacrée aux peuples d'Amérique, celle James George Frazer, Leo Frobenius, etc. non pour enrichir nos imaginations, ni pour risquer des généralisations, mais pour y retrouver « les "formes" les plus générales de la pensée et de l'intuition qui constituent l'unité de la conscience en tant que telle, et donc l'unité de la conscience mythique autant que celle de la conscience scientifique pure » (*La Philosophie des formes symboliques, II*, p. 85). Par cette voie très originale, il opère une « reprise en sous-œuvre » des sciences humaines en faveur de la philosophie.

Néokantisme

Cassirer est l'auteur de l'article *Neokantism* de l'*Encyclopeadia Britannica*. Pour autant, il ne fait guère allégeance dans ses écrits à cette doctrine philosophique dont il est un des représentants, tant elle lui semble aller de soi, probablement, pour un philosophe rationaliste, humaniste, proche de la science contemporaine. Il se dit plus volontiers « kantien » que « néokantien ». L'appellation la moins contestable serait celle du *Retour à Kant* (*Zurück zu Kant*) d'Eduard Zeller, d'abord disciple de Hegel, historien de la philosophie des Grecs (1844-52). L'expression la plus rigoureuse de cette tendance est l'École de Marbourg, fondée en 1876 à l'université prussienne de Hesse-Nassau par Hermann Cohen, directeur de thèse de Cassirer. Windelband, Rickert, Erdmann, Riehl... sont aussi des néokantiens. Mais il n'est pas difficile de citer des Français membres du comité de rédaction des *Kantstudien*, porte-parole de la pensée néokantienne tels Renouvier, Barni, Lalande ou Brunschvicg.

Phénoménologie

Dans son sens aujourd'hui usuel, le nom de « phénoménologie » désigne la méthode et la doctrine d'Edmund Husserl telles qu'elles s'expriment en particulier dans *Idées directrices pour une phénoménologie et une philosophie phénoménologique pure* de 1913 (trad. P. Ricœur, Gallimard, 1950) : description des phénomènes tels qu'ils s'offrent à l'intuition en s'affranchissant de l'attitude naturelle par la « réduction phénoménologique » qui « met en suspend » la position de l'existence du monde et dégage dans sa nécessité le vécu de la conscience. Cette définition inévitablement trop complexe et trop élémentaire peut être éclairée par une analogie reconnue avec le *Cogito* cartésien.

La 3e partie de *La Philosophie des formes symboliques* porte le titre exceptionnel de « *Phénoménologie* de la connaissance » et Cassirer rend compte brièvement de l'œuvre de Husserl (trad. française p. 222-231) :

> « il divise le courant de l'être phénoménologique en "couche matérielle" et en "couche noétique". À cette dernière appartiennent tous les problèmes purement fonctionnels, c'est-à-dire concernant en propre la conscience et le sens. Car "avoir du sens" ou si l'on préfère "viser à quelque sens" est le caractère premier de toute conscience... »

On voit que le projet cassirérien s'inscrit bien dans la ligne d'une phénoménologie de la « noèse » husserlienne, car il y a un « vécu » de la découverte scientifique. Toutefois, le principe d'*originaireté* et celui de *validité* n'ont pas la même portée. Dès qu'on en arrive à l'usage des

« symboles », la divergence éclate : les symboles de la physique galiléenne, par exemple (*Krisis*, § 9), créent une multiplicité mathématique qui nous prive de toute intuition de la nature d'une évidence phénoménologique, alors que Cassirer suit la langue des calculs comme la voie qui le conduit à la vérité de l'être.

Malgré la parenté des soucis et du langage « transcendantal », il n'y a pas de véritable rencontre philosophique entre Husserl et Cassirer.

Réalisme

Le sens usuel du mot en psychologie, en morale ou en politique (être indifférent aux principes dès qu'un intérêt est en cause) n'a aucune portée philosophique ; le réalisme est la philosophie de la « chose (*res*) », ou « substance », et d'abord celle d'Aristote.

> « Pour la conception naïve, le savoir se présente comme un processus dans lequel nous portons à la conscience par copie une réalité en soi présente, ordonnée et organisée »
>
> (Début de l'Introduction du *Problème de la connaissance*).

Ce réalisme naïf est souvent présenté par Cassirer comme la simple opinion commune irréfléchie dont la critique est le premier pas de la philosophie. La chose existe hors de notre pensée, avant même d'avoir été perçue, elle est organisée, stable, composée de matière et de forme. La connaître, c'est d'abord la percevoir, puis la reproduire dans notre pensée. Derrière cet argument de professeur, il y a les fameuses définitions d'Aristote, « la substance est le sujet ultime, celui qui n'est plus affirmé d'aucun autre » (*Métaphysique*, D8), ainsi que celle de la vérité comme adéquation de la chose et de l'esprit. D'une manière historiquement plus prégnante, il y a l'aristotélisme médiéval, celui de Thomas d'Aquin, et encore plus précisément le néo-thomisme qui a été approuvé comme philosophie officielle de l'Église catholique (Encyclique *Aeterni Patris* de Léon XIII). Cette décision a évidemment ajouté un nouveau clivage dans les rangs des intellectuels, qui ont tendance à rapprocher Aristote du catholicisme, paradoxalement, tandis que protestants et anticléricaux se retrouvent kantiens, c'est-à-dire tiennent la chose-en-soi pour inconnaissable. Ce tableau, certes superficiel, explique bien des réactions épidermiques dans les conflits de cette époque.

Relativité

Est relatif dans une chose ce qui n'existe que par rapport à une autre chose, par exemple être « voisin » ou « fils » (catégorie aristotélicienne de la *relation*). En physique classique, le mouvement est relatif, non la masse.

Le relativisme kantien pose le principe de la relativité de l'objet au sujet dans l'acte de la connaissance : pour connaître un objet, il faut se rapporter au sujet qui le perçoit et le pense. Même si l'objet nous est effectivement « donné », il est illusoire de penser que nous en connaissons autre chose que la manière dont notre esprit le détermine. La célèbre « révolution copernicienne » de Kant (image malheureuse si on la prend à la lettre) est une réplique au réalisme (aristotélicien, en particulier) : nous ne connaissons pas les choses en elles-mêmes mais seulement ce qu'elles sont pour nous, relativement à notre pensée.

Il n'y a pas de rapport direct entre le relativisme de Kant et la théorie de la relativité d'Einstein : l'espace et le temps, la mesure, l'action à distance, etc. sont au XVIIIe siècle des « absolus » ; l'idée que la masse d'un mobile soit fonction de sa vitesse paraîtrait simplement aberrante. Mais au XXe siècle, et sans rompre avec l'esprit du kantisme, Cassirer explique bien, à propos de la relativité einsteinienne (*La Philosophie des formes symboliques*, III, p. 520), que « ce renoncement à la chosété, bien loin d'ébranler en aucune manière l'"objectivité" de la physique, la fonde au contraire [...] car cette objectivité constitue un problème de pure *signification* et non pas de *représentation*. ». C'est à la Science comme sujet collectif que l'objet est désormais relatif.

Symbole

Au sens antique : signe de reconnaissance qui fait preuve par emboîtement, comme deux morceaux d'un os brisé. Joue le rôle d'une lettre de créance ou de recommandation.

Dans la pensée kantienne, *schématisme* et *symbolisme* sont apparentés en tant que « représentations sensibles d'un concept » ou *hypotyposes*. Le schème est la présentation directe du concept (le schème de la quantité est le nombre, celui de la nécessité est l'existence en tout temps...) ; le symbole la présentation indirecte (la beauté est le symbole de la moralité). Les deux appartiennent au mode intuitif du connaître (*Critique du jugement*, § 59). L'analogie symbolique est elle-même saisie intuitivement.

Les *formes symboliques*, explique Cassirer (*Langage et mythe*, p. 16), ne sont pas des imitations de la réalité, elles en sont au contraire les organes, dans la mesure où ce n'est qu'à travers elles que la réalité devient un objet pour le regard de l'esprit et qu'elle devient visible en tant que telle.

Les symboles qui nous sont familiers, « racine carrée de n », le gouvernail, la foudre, les guillements... tous produits de la spontanéité imaginative où l'initiative individuelle est négligeable, relèvent de formes symboliques distinctes, la science, l'art (même si Cassirer n'en a pas explicitement traité), la mythologie, le langage. Nombreux sont les *signes* qui sont intégrés dans la symbolique, nombreux les *symboles* qui sont investis dans les diverses formes symboliques dont le nombre n'est pas forcément clos.

Théorie de la connaissance

Le terme d'*Erkenntnislehre*, ou *Erkenntnistheorie*, « théorie de la connaissance », avec l'adjectif-adverbe *erkenntnistheoretisch*, employé couramment par Cassirer pour désigner sa tâche philosophique essentielle est souvent traduit en français (et plus encore en anglais) par *épistémologie, épistémologique* (*epistemology, epistemological*) avec une approximation douteuse. En effet, l'épistémologie est (en tout cas peut toujours être) une discipline empiriste ou positiviste, alors que la théorie de la connaissance (déjà plus large que la théorie de la science) statue sur des problèmes *de jure*.

C'est selon ce critère que Cassirer reconnaît la naissance du criticisme kantien dès 1763 (*Essai pour introduire en philosophie le concept de grandeurs négatives*) :

> « Si l'on veut reconnaître son intuition dans sa généalogie naturelle pour ainsi dire, il faut la comparer non aux doctrines des Anglais mais à celles de ces penseurs qui, comme lui, ont fait de la science de Newton le centre de leur examen de théorie de la connaissance (*Erkenntnistheoretischer Betrachtung*) »
>
> (*Erkenntnisproblem II*, p. 472)

Dans ses travaux ultérieurs, il n'a pas rompu avec ce principe :

> « La question que se pose la philosophie des formes symboliques tient par des fils solides à d'autres questions que la tradition rapporte habituellement à la théorie de la connaissance, à la psychologie, à la phénoménologie ou à la métaphysique [...] Nous nous tenons dans le cercle que circonscrit la question "transcendantale" en général, celui de la méthodologie qui prend le *quid facti* des formes singulières de la conscience uniquement comme point de départ d'une interrogation sur leur signification, sur leur *quid juris*. »
>
> (2ᵉ partie, p. 63)

On peut dire sommairement que la première théorie de la connaissance est la *Critique de la raison pure*.

Indications bibliographiques

☛ Œuvres principales d'Ernst Cassirer en traduction française
- *Le problème de la connaissance*, 1er vol. (la suite en cours de parution aux Éditions du Cerf).
- *Substance et fonction*, trad. P. Caussat, Paris, Éditions de Minuit, 1977.
- *La Philosophie des formes symboliques, I. Le langage*, trad. Ole Hansen-Love et L. Lacoste, Paris, Éditions de Minuit, 1953.
- *Individu et Cosmos dans la philosophie de la Renaissance*, trad. P. Quillet, Paris, Éditions de Minuit, 1983.
- *La Philosophie des formes symboliques, II. La pensée mythique*, trad. J. Lacoste, Paris, Éditions de Minuit, 1972.
- *La Philosophie des formes symboliques, III. Phénoménologie de la connaissance*, trad. C. Fronty, Paris, Éditions de Minuit, 1972.
- *La philosophie des Lumières*, trad. P. Quillet, Paris, Fayard, 1966.

☛ Littérature secondaire
- *Ernst Cassirer, De Marbourg à New York, L'itinéraire philosophique*, Actes du colloque de Nanterre, octobre 1988, dir. J. Seidengart, Éditions du Cerf, 1990.
En anglais :
- *The Philosophy of Ernst Cassirer*, ouvrage collectif, éd. par P.A. Schilpp, Tudor Publishing Company, New York, 1949.
- Traduction allemande, W. Kohlhammer Verlag, Stuttgart 1966.

☛ Œuvres principales en langue originale
- *Das Erkenntnisproblem in der Philosophie und Wissenschaft der neueren Zeit* (*Le problème de la connaissance dans la philosophie et la science des temps modernes*), I. Berlin, Bruno Cassirer, 1906 ; II. *ibid.*, 1907 ; III. *ibid.*,1920, (trad. française L. Ferry, A. Renaut, S. Bonnet,

J. Masson et O. Masson, M. Fichant, *Les systèmes post-kantiens*, Pr. Univ. de Lille, 1983) ; IV. Zürich, 1950 (posthume), Artemis Verlag.
- *Substanzbegriff und Funktionsbegriff* (*Substance et fonction*), Berlin, Bruno Cassirer, 1910 ; trad. française P. Caussat, Paris, Éditions de Minuit, 1977.
- *Freiheit und Form. Studien zur deutschen Geistesgeschichte* (*Liberté et et forme. Études d'histoire de l'esprit allemand*), Berlin, Bruno Cassirer, 1916.
- *Zur Einsteinschen Relativitätstheorie* (*La théorie de la relativité d'Einstein*), Berlin, Bruno Cassirer, 1921 ; trad. française J. Seidengart, Œuvres XX, Paris, Éditions du Cerf, 2000.
- *Philosophie der symbolischen Formen. I. Die Sprache* (*La Philosophie des formes symbolique I. Le langage*), Berlin, 1923, Bruno Cassirer ; trad. française Ole Hansen-Love et J. Lacoste, Paris, Éditions de Minuit, 1972.
- *Eidos und Eidolon. Das Problem des Schönen und der Kunst in Platons Dialogen* (*Eidos et eidolon. Problème du beau et de l'art dans les dialogues de Platon*), Bibliothek Warburg. Leipzig, B.G. Teubner, 1924.
- *Philosophie der symbolischen Formen, II, Das mythische Denken* (*Philosophie des formes symboliques, II. La pensée mythique*), Berlin, B. Cassirer, 1925 ; trad. française J. Lacoste, Paris, Éditions de Minuit, 1972.
- *Individuum und Kosmos in der Philosophie der Renaissance* (*Individu et Cosmos dans la philosophie de la Renaissance*), Bibliothek Warburg. Leipzig, B.G. Teubner ; trad. française P. Quillet, Paris, Éditions de Minuit, 1983.
- *Philosophie der symbolischen Formen, III. Phänomenologie der Erkenntnis* (*Philosophie des formes symboliques, III. Phénoménologie de la connaissance*), Berlin, B. Cassirer, 1929 ; trad. française C. Fronty, Paris, Éditions de Minuit, 1972.
- *Die Philosophie der Aufklärung* (*La philosophie des Lumières*), Tübingen, Mohr, 1932 ; trad. française P. Quillet, Paris, Éditions Fayard, 1966.
- *Determinismus und Indeterminismus in der modernen Physik* (*Déterminisme et indéterminisme en physique moderne*), Göteborgs Högskolas Arskrift, 1936.

- *An Essay on Man* (*Essai sur l'homme*), New Haven, Yales Univ. Press, 1944 ; trad. française N. Massa, Paris, Éditions de Minuit, 1975.
- *The Myth of the State* (*Le mythe de l'État*), New Haven, Yale Univ. Press, 1946 (posthume).

Dépôt légal octobre 2001